W0011791

Freihändig über die Friedenstraße

AUTOREN AUS UND ÜBER KAISERSLAUTERN

Freihändig über die Friedenstraße

AUTOREN AUS UND ÜBER KAISERSLAUTERN

Reinhold
Gondrom
Verlag
Kaiserslautern

KAISERSLAUTERER AUSGABE

KAISERSLAUTERER AUSGABE
Band 11
Herausgeber: Gert Friderich

**Reinhold
Gondrom
Verlag
Kaiserslautern**

KAISERSLAUTERER AUSGABE
Herausgeber: Gert Friderich

1. Auflage 1994
© 1994 Reinhold Gondrom Verlag, Kaiserslautern
Postfach 2780 in 67615 Kaiserslautern

Umschlagaquarell:
Bernd Klimmer, Kaiserslautern

Gesamtherstellung:
Kerker Druck, Kaiserslautern

ISBN 3-88874-516-0

Inhaltsverzeichnis

MARLIESE FUHRMANN

Freihändig über die Friedenstraße

Sie können nicht warten bis die Kastanien reif sind, in keinem
Jahr können sie warten. Es scheint, als müßten sie jeden Herbst
früher starten, nachsehen, ob sie auch in diesem Jahr die glatten
Früchte in den Stachelhüllen finden, als wollten sie prüfen, ob
Verlaß auf die Bäume ist, ob sich das Wunder wiederholt.
Jungen und Mädchen in Jeans und Turnschuhen kommen aus
einer Seitenstraße. Sie tragen Holzstücke und Plastiktüten,
reden laut, heben die Köpfe, recken das Kinn, deuten nach oben.
An Linden und Robinien laufen sie achtlos vorbei, rennen daran
vorüber wie Jäger, die wissen, worauf es ankommt.

Kinder sind mir immer begegnet, wenn ich die Friedenstraße
ging, Scharen von Kindern. Die Friedenstraße ist mein Weg.
Ich gehe sie in die Stadt, ich gehe sie zu allen Jahreszeiten,
spaziere im Frühling unter den staubigen Blüten der Stadtbäume
und versuche, Auto- und Flugzeuglärm nicht wahrzunehmen,
mich zurückzuversetzen in jene Zeit, als diese Straße als einzige
weit und breit eine Asphaltdecke hatte, auf der wir Rollschuh
laufen konnten. Ich gehe sie im Sommer, wenn vor den Häusern
Betonmaschinen rattern, Kreissägen schreien und in den Gärten
die Rasenmäher brummen.

1871, nach dem Sieg über die Franzosen wurde sie angelegt,
Robinien, Linden und Kastanien im gleichen Abstand
doppelreihig gepflanzt und die Straße Friedensallee genannt.
Sie sollte vom Frieden in Stadt und Land künden, dabei war die
Straße von Anfang an nur eine Verlängerung der
Friedhofstraße, die von der Mannheimer Straße hinaus zum
Alten Friedhof führte, in dessen Mitte der Franzosenstein stand.

Fünf Kinder, drei Jungen und zwei Mädchen, umkreisen mit
langen Hälsen die Bäume. In den dichten Kronen summt es vor
Wespen. Es ist Ende September, die Kastanien sind noch nicht
reif. Unter ihrer eigenen Last oder vom Wind heruntergeweht,

fallen sie erst Mitte Oktober. Aber die Kinder sind wild entschlossen: Sie wollen die Früchte jetzt. Dazu sind sie hergekommen. Ein Junge hat den niedrigsten, den am leichtesten zu erreichenden Ast entdeckt, siegessicher zeigt er ein üppiges Fruchtbündel, bleibt stehen, legt den Kopf ins Genick, jongliert das Wurfholz in der rechten Hand, zielt, schleudert das Lattenstück so hoch er kann. Ich ziehe den Kopf ein.

Die Friedenstraße war mein Schulweg. Unter den Bäumen ließ sich genüßlich trödeln, da konnten wir Hickelhaus spielen und Landabschneiden, im Kreis hüpfen und streiten, daß man die Zeit vergaß, den Lehrer, die Hausaufgaben. Erst ganz unten, beim Einbiegen in die Mannheimer Straße, mahnte die Turmuhr auf dem Dach der Luitpoldschule. Als ich die Friedenstraße hinunter zur Schule ging, war sie eine Allee der Fußgänger, eine Straße, die am oberen Ende in eine Anlage mündete. Ein paar Sandsteinstufen hinauf, schon war man oben in der Fröbel-Anlage, bei Papa Fröbel. Bänke standen dort, Tische, es gab ein Blumenrondell, das Zimmermannskreuz war nicht weit. Alt und Jung trafen sich, meist Leute aus der Friedenstraße, aus der Siedlung Grübentälchen, vielleicht ein paar Neumölschbacher. In Neumölschbach wohnten jene Familien, die ihre Häuser nahe der Gießerei Lindeck gebaut hatten. Die Hausbesitzer stammten aus Mölschbach. In jungen Jahren waren sie jahrein jahraus den Weg von dort zur Gießerei in der Friedenstraße gegangen, arbeiteten zehn, zwölf Stunden an den Schmelzöfen und trotteten totmüde abends den stundenweiten Weg durch den Wald wieder nach Hause. Die Frauen mußten sich morgens, kurz nach dem Weggehen ihrer Männer ans Kochen machen, um zehn Uhr ihre Gerichte fertig haben. Dann liefen auch sie los, trugen das heiße Essen zur Gießerei, warteten bis die Männer aufgegessen hatten und kehrten nach Mölschbach zurück. Irgendwann wurde den Familien diese Art zu leben zu beschwerlich. Sie sparten jeden Groschen und bauten sich kleine Häuser in den Seitenstraßen der Friedensallee, redeten im Mölschbacher Dialekt, lebten noch bescheidener als zuvor, hatten gerade ihr Häuschen bezogen und waren dabei, Hof und Garten anzulegen. Die Blumen am Bahndamm mit ihren verrußten Köpfen, die Vögel auf den

Drähten mit ihren rußigen Stimmen, waren mit ihnen befreundet.

Die Kastaniensammler laufen mit flatternden Haaren, begutachten von weitem lauthals den Fruchtbehang des nächsten Baumes: Bei diesem lohnt es sich! Da bleiben sie stehen. Die beiden Mädchen streiten sich mit den Jungen, sie schubsen einander vom Trottoir, das größere Mädchen wirft schnell ihr Holz, geht dabei rückwärts ohne das Gleichgewicht zu verlieren, schaut, ob sie getroffen hat. Wenn sich eine Frucht vom Ast löst, stürzt sich die Freundin johlend auf die Beute. Schade, die Hülle ist nicht aufgeplatzt. vor den grünen stacheligen Schalen haben die Kinder immer noch Respekt. Mit bloßen Händen kann man sie nicht anfassen, will man sich nicht schmerzhaft verletzen.

Am 20. April hängten manche Leute in der Friedenstraße Führerbilder an die Außenwand ihrer Häuser und umrahmten sie mit frischen Kirschblüten. Obwohl das Wäldchen am oberen Ende der Straße samt Fröbel-Anlage, Tischen und Bänken dem Exerzierplatz zugeschlagen und eingezäunt wurde, hatten beim Bau der beiden Kasernen nicht alle Anwohner gleich an Krieg gedacht. Als aber im Januar 1944 am hellichten Tag Bomben auf die Stadt fielen, das Viadukt in der Friedenstraße getroffen wurde, verstanden alle. Die Unterführung, jene wichtige Verbindung zur Innenstadt, war zum Grab geworden, ein Mädchen, das in der Friedenstraße wohnte, unter der einstürzenden Brücke gestorben. Die Eltern meißelten die Anfangsbuchstaben ihres Namens in die Sandsteinmauer. Von da an fürchtete ich mich. Alle Kinder aus dem östlichen Stadtteil hatten Angst, durch das provisorisch hergerichtete Viadukt zur Schule zu gehen. Wir nahmen uns an den Händen und liefen so schnell wir konnten, schafften die Unterführung mit angehaltenem Atem. Wenn während des Unterrichts die Luftschutz-Sirenen heulten, rannten wir stadtauswärts. Hinter dem Bahndamm flüchteten wir unter die Alleebäume, gingen nahe den Stämmen, fühlten uns unter den dichten Kronen vor dem Beschuß der Tiefflieger sicher.

Jetzt zanken die Kinder, sie zerren sich an den Kleidern und beschimpfen sich. Buben und Mädchen stehen getrennt, zählen ihre Ernte, schreien das Ergebnis einander zu. Sie greifen erneut nach den Latten und rennen weiter, vorbei an geparkten Autos, an Hundehaufen und Müllcontainern zum nächsten Baum. Die Kinder tragen einen Wettbewerb aus, die einen wollen die anderen übertrumpfen, sie sind wie wir, jedes will die meisten Kastanien herunterholen, die gewichtigste Ernte nach Hause tragen.

In den fünfziger Jahren fuhr ich auf dem Fahrrad, fuhr oft freihändig die Friedenstraße hinunter in die Stadt. Die Straße war leer, Autos gab es kaum, ein Moped schnurrte, hie und da zockelte ein Fuhrwerk. Auf dem Fahrrad freihändig zu fahren war ohnegleichen, ich vertraute meiner Geschicklichkeit und fühlte mich unabhängig, frei. Dabei wünschten sich die Menschen oberhalb der Nordbahn eine Busverbindung in die Stadt. Wenig später genügte auch der Bus nicht mehr, sie schafften sich Motorräder und Autos an, parkten sie unter den Bäumen der Friedensallee. In jener Zeit, als ich mit dem Fahrrad fuhr, bei Glatteis aber immer noch zu Fuß ging und auf dem Heimweg ein Brot kaufen wollte, konnte ich die Bäckerei aussuchen, in er ich es kaufen wollte. Es gab Gemüse- und Kolonialwarengeschäfte, in denen es nach den Gewürzen des Orients roch, Läden, in denen sich die Kundinnen Essig und Öl in mitgebrachte Flaschen füllen ließen, Sauerkraut und marinierte Heringe in Schüsseln nach Hause trugen. Zwischen den Häusern in der Friedenstraße steckte noch ein Bauernhof, da gab es Sägewerke und Bauunternehmen, kleine Betriebe, lebendig wie Bienenkörbe, zu denen die Menschen an Werktagen ihre Kraft brachten. Männer, die ihre Finger an den Bandsägen verloren hatten, lebten noch lange in der Siedlung.

Plötzlich quietschen Bremsen, ich drehe mich um: Ein Mädchen war beim Sammeln auf die Fahrbahn geraten. Der Autofahrer reagierte schnell, das Kind hatte Glück.

Manchmal, im Frühjahr, wenn die Zementplatten auf dem Bürgersteig vom Salz, das über Winter gestreut wurde, locker geworden sind, versperren rotweiße Schnüre den Weg. Pflasterer in schwarzen Manchesterhosen und Lederhüten knien auf der Erde, klopfen die Platten fest, stampfen sie, kippen karrenweise Zement drüber und kehren ihn in die Ritzen. Ich ärgere mich, daß ich immer wieder auf die Fahrbahn ausweichen muß. Die Friedenstraße ist schon lange keine Allee mehr. Als Bäume nicht mehr so wichtig schienen, wurde eine Baumreihe gefällt. Kastanien, Linden und Robinien, in deren ineinandergewachsenen Kronen Dohlen und Kolkraben hausten, fielen. An ihre Stelle kamen Peitschenlampen. Die Fahrbahn wurde verbreitert und ist heute doppelt so breit wie zuvor, der Gehsteig um die Hälfte schmaler.

Bei der Kastanienernte müssen Kinder seither aufpassen, daß sie nicht überfahren werden.

Wenn ich tanzen war oder im Theater, ging ich die Friedenstraße gerne allein; frische Nachtluft kühlte meinen heißen Kopf. Der Mond stand über dem Kahlenberg, Katzen mit schimmernden Augen begegneten mir, in den Zweigen raschelte es. Ich hatte keine Angst, ich wußte, gleich wird ein kleiner Hund, der mich zu Hause vermißt hatte, auf mich zu kommen, an mir hochspringen, mich begrüßen und nach Hause geleiten.

Die Kinder mit ihren schweren kastanienprallen Taschen bleiben zurück. In Herbstlaub, Papier und Staniol stehen sie beisammen, legen die grünen, stacheligen Früchte, deren Schalen beim Herunterfallen nicht platzten, auf die Rinnsteinkante, treten drauf, daß sie aufspringen und die glänzenden Kastanien zum Vorschein kommen. Sie mühen sich um jede einzelne: was machen sie bloß damit?

HANSGEORG BAßLER

Damals in der "Arche Noah"

Wir bewohnten damals ein Haus auf dem Lindenhof, das die Leute „Arche Noah" nannten. Es war das Experiment einer Wohnungsbaugenossenschaft, die mit dieser malerischen Kreation wenig ausgeben und viel verdienen wollte. Der Volksmund hatte ihm nicht zu Unrecht den Namen des biblischen Dampfers gegeben. Die übrigen Häuser des Lindenhofes umstanden diesen Sonderling etwas ratlos und kamen sich samt ihrer Bewohner sehr normal dagegen vor.

Die Arche war anderthalbstöckig und in vier Einzelhäuser unterteilt. Aber das war schön und gemütlich so. Überdies waren die Zimmer klein und niedrig, was den Vorteil hatte, daß der Winterbrand niemals ausging. Dafür war der Keller feucht und die Küche naß. Aus diesem Grund nahm unser sachliches Küchenmöbel barocke Quellformen an. Zu meinem Entzücken und meiner Mutter Verdruß behaarte sich seine Rückseite ständig, so daß es alle vier Wochen abgewaschen werden mußte. Ich hätte es lieber gekämmt.

Dieses verrückte liebe alte Haus, das so viele Mängel und Unzulänglichkeiten aufwies und dessen Architekt von meinem Vater schizoider Neigungen verdächtigt wurde, war in der Tat ein Schiff. Ein Schiff, in dem ich durch herrliche Kinderjahre segelte, und das immer so viel Wind in den Segeln hatte, daß die Mannschaft nicht zu darben brauchte. Ganz nebenbei: als die Sintflut hereinbrach, machte es seinem Namen keine Ehre. In einer Kriegsnacht durchschlugen Brandbomben das Dach und das Haus ging in Flammen auf. Allerdings: Küche und Keller blieben erhalten. Denn wie gesagt, der Keller war feucht und die Küche naß. Und noch etwas blieb erhalten. Die vielen Träume und Seligkeiten, die Erinnerung an nie wiederkehrende Stunden. Sie flogen wie Vögel auf und überlebten den Sturm.

Meine Schwestern gingen schon zur Schule, und so gehörte mir am Vormittag die Mutter allein. Kaum hatten die Schwestern das Haus verlassen, klappte ich die Gitterwand meines Bettes herunter, fuhr in die etwas zu großen Pantoffeln und stieg in die Küche hinab. Meine Mutter saß dann meist am Kaffeetisch und ruhte sich von dem allgemeinen Familienaufbruch aus. Ihre Frage, weshalb ich jetzt schon käme, pflegte ich stets mit der Gegenfrage zu beantworten, was es denn zum Mittagessen gäbe. Es hing von der Antwort ab, ob ich als melancholisches Kind mich traurig an den Herd setzte und in meinem viel zu langen Nachthemd vor mich hinmeditierte oder ob ich auf den Schoß meiner Mutter kletterte und sie um ein Märchen bat.

Am liebsten hörte ich die bekannten Märchen, die sie mir schon zwanzigmal erzählt hatte. Da traf ich all die lieben Gestalten an meinem morgendlichen Stammtisch wieder und begrüßte sie bei Marmeladenbrot und Kakao.

Dieses Leben hätte ich gern bis zu meiner Pensionierung weitergeführt, wäre nicht eines Tages ein störender Faktor in mein Leben getreten.
Die Schule. Der erste Schultag wurde mir nicht zum reinen Genuß. Zunächst waren alle meine Mitschüler ein Stockwerk kleiner. Allerdings auch massiver gebaut. Wir mußten Brot und Brötchen kneten. Aber mir gelangen weder Brot noch Brötchen. Als die alte Lehrerin befahl, das Brot nun in den Ofen zu schieben, schob ich befreit meine verunglückten Würmer in die Schachtel.

Wozu der ganze Quatsch, dachte ich. Daheim sitzt meine Mutter am Kaffeetisch und hätte Zeit, mir ein Märchen zu erzählen. Die übrigen Kinder hatten große Schultüten. Ich fragte meinen Nachbarn, ob er mir die seine schenke. Worauf dieser prompt zu heulen anfing. Als er auch sonst noch zu tröpfeln begann, führte ihn die Lehrerin hinaus. Allerdings konnte sie es nicht verstehen, daß er partout seine Tüte mitnehmen wollte. Ich konnte es verstehen.

Im ersten Schuljahr bekam ich die Masern. Sie schienen mir ein Geschenk des Himmels. Ich durfte daheimbleiben, ich brauchte morgens nicht mehr aufzustehen, ich durfte mir meine

Mahlzeiten selber wünschen. Lieber Gott, betete ich, verschone alle Kinder auf der Welt von den Masern. Gib mir sie hintereinander, ich will sie mit Geduld ertragen.

Da saß meine Mutter am Bett und erzählte wieder meine Märchen, da schickte mir die Wirtsfrau von nebenan eine Rolle Kekse, mein Vater schenkte mir einen Tennisball, und von der Schule war nicht mehr die Rede.

Aber die Masern verflogen. Die Schule nahm mich auf und der graue Alltag begann wieder. Da beschloß ich das zu tun, was die Erwachsenen kalt „schwänzen" nennen.

Eines Morgens blieb ich in meinem Bett liegen. Als mir die Schwester die Decke wegzog und mit Wasser drohte, verlautete ich, daß sie tun möge, was sie nicht lassen könne. In ein paar Tagen sei ich sowieso tot. Ich sei nämlich krank.
„Schon wieder?"
„Schon wieder!"
Meine Mutter kam herauf, befühlte mir die Stirn, maß die Temperatur und nickte mit dem Kopf.
Ich harrte der Vorzugsbedienung. Als sich nach einer Stunde immer noch nichts rührte, krähte ich nach unten, was los sei. Wo der Kakao bliebe?
Bei meiner Krankheit gäbe es kein Frühstück, rief meine Mutter herauf, ich solle mich ruhig verhalten, bis der Haferschleim gekocht sei.

Am Mittag, als meine Schwestern und der Vater heimkamen und das Mittagessen verlockend duftete, brachte mir meine große Schwester den Haferschleim. „Guten Appetit," sagte sie, „du Schulschwänzer!"
Am nächsten Tag war ich wieder gesund.

GÜNTER SPEYER

Von guten und bösen Tagen

Eigentlich bin ich ein Zwangslauterer. Bei der 1968 in Hohenecken durchgeführten Abstimmung waren mehr als fünfundneunzig Prozent der abgegebenen Stimmen gegen eine Eingemeindung. Aber der Verwaltungsakt war von der parlamentarischen Obrigkeit so beschlossen und angeordnet worden, daß er nicht angefochten werden konnte, und so war die Abstimmung mit dem eindeutigen Votum nichts weiter als eine Art Meinungsumfrage. Hohenecken wurde Stadtteil.

Meine Verbindung zu Kaiserslautern begann aber viel früher. Sie bestand bereits während der Kindheit, die ich in Pirmasens verbrachte. Meine Eltern hatten Freunde hier, und man besuchte sich gegenseitig zwei bis drei mal im Jahr. Natürlich fuhr man zu Beginn der dreißiger Jahre mit dem Zug. Der hielt unterwegs auch noch an den Stationen Karlstal, Gelterswoog und Hohenecken. So ändern sich die Zeiten.

Die Bahnfahrt war jedesmal ein besonderes Erlebnis. An allen Bahnhöfen stiegen Leute ein und aus. Die Bahnhofsvorsteher mit den leuchtend roten Mützen waren unübersehbar, wenn sie mehrmals laut und deutlich die Namen der Stationen ausriefen, und kurz bevor der Zug sich wieder in Bewegung setzte, hörte man den durchdringenden Ton der Trillerpfeife, die mit der linken Hand am Mund gehalten wurde, während die rechte das Signal, pfälzisch die Pletsch genannt, gravitätisch hochhielt. Ein paar blubbernde Geräusche von der Lokomotive, als würde sie sich am Dampf verschlucken, ein grober Ruck, und weiter ging die Fahrt.

Auf dem Karlstaler Walzweiher blühten im Sommer Seerosen. Sie bedeckten einen großen Teil der Wasserfläche und boten vom Zug aus, der unmittelbar am Ufer entlangfuhr, einen geradezu märchenhaften Anblick. Gleich darauf sah man den Gelterswoog, vielen Pfälzern bis auf den heutigen Tag als

"Hohnecker" geläufig. Nach dem Verlassen der Station Hohenecken ging es längere Zeit durch den Lauterer Stadtwald, ehe die Werkhallen der Nähmaschinenfabrik Pfaff auftauchten. Ich habe diese Hallen mit ihren den Himmel spiegelnden Glasdächern lange Zeit für Gewächshäuser gehalten, bis ich dann irgendwann hinter ihre wahre Funktion kam. Ab hier konnte man sich allmählich zum Aussteigen bereit machen, bis zum Hauptbahnhof war es nicht mehr weit.

Der alte Lauterer Hauptbahnhof war schöner als der heutige Zweckbau. Er war aus rotem Sandstein, der Baukörper gliederte sich in mehrere Teile, und die großen Rundbögen über Fenster und Türen hatten etwas Prunkvolles. Die Reichsbahn hatte wohl viel Geld investiert, und ganz gewiß hatte man nicht damit gerechnet, daß dieses Gebäude nur wenige Jahrzehnte bestehen sollte, bevor es im Zweiten Weltkrieg zerstört wurde.

Ich weiß noch, wie die Straßenbahn durch die Markt- und die Steinstraße zum Mainzer Tor fuhr. Ich kenne den Stiftsplatz noch mit Kopfsteinpflaster und baumumstanden. Ich erinnere mich an Ausflüge zum Bremerhof, zur Eselsfürth und zum Blechhammer. Immer waren es Sonntage. Abends, wenn wir zum Bahnhof zurückgingen, saßen auf der Terrasse des Hotel Schwan gutangezogene Leute, die dort speisten und tranken. Laternen brannten oft schon, und die hereinbrechende Dämmerung hüllte solche Bilder in ein unwirkliches, diffuses Licht. So jedenfalls bewahrt sie mein Gedächtnis. Gewiß gibt es noch alte Ansichtskarten und Fotografien, aber wer weiß noch, wie die Luft damals roch, wer hört noch das Zischen einer Dampflok?, die Geräusche, die Stimmen von damals, ein verhaltenes Lachen oder das feine Klirren von Gläsern und Silberbestecken auf der Terrasse vom Hotel Schwan?

Als der Krieg ausbrach, war ich noch keine zwölf Jahre alt. "Bu, steh uff, es is Kriesch." Mit diesen Worten weckte mich mein Vater am frühen Morgen des ersten September 1939. Ich stand auf wie in einem bösen Traum. Was würde nun sein? Womit mußte man rechnen? Plötzlich hatte sich etwas geändert, aber es war noch nicht zu begreifen. Pirmasens wurde geräumt. Wir sollten fort, jedenfalls meine Mutter, meine Schwester und ich.

Mein Vater mußte zurückbleiben, weil er in einem für die Lebensmittelversorgung wichtigen Betrieb arbeitete. Wir gingen nacheinander ins Badezimmer und zogen uns an. Koffer wurden gepackt. Ich füllte einen Rucksack mit Leibwäsche, die mir meine Mutter bereitlegte.

Nach dem Kaffeetrinken kam der Abschied. Die Möbel standen auf einmal so fremd in der Wohnung. Das mußte nun alles zurückbleiben, blieb vielleicht für immer nur noch Erinnerung. Würde der Krieg darüber hingehen? Würden schon bald Bomben und Granaten hier einschlagen? Zunächst war der Krieg in Polen, und das war weit weg. Aber Frankreich war nahe. Frankreich und England hatten mit Polen einen Beistandspakt geschlossen. Nun mußte man mit dem Schlimmsten rechnen.

Der Morgen war kühl. Wir wurden zu dritt mit dem Auto nach Kaiserslautern gebracht. Der Chef meines Vaters fuhr uns hin. Die Straße führte durch Burgalben, Waldfischbach, Steinalben, Schopp. Nebelschwaden hingen in den Tälern, untrügliches Zeichen für den baldigen Herbstbeginn. Zwischen Breitenau und Espensteig war der Nebel am dichtesten. Wie Watte lag er auf den Wiesen des Aschbachtales.

Bei der Ankunft in Kaiserslautern umarmten wir uns alle. Die Frauen weinten. Es war anders als sonst, wenn wir hier ankamen. Nervosität herrschte im Haus. Als von irgendwoher eine Sirene ertönte, erörterte man die Möglichkeit, daß dies ein Alarm sein könnte. Vorsichtshalber gingen wir alle in den Keller, wo es nach frisch geernteten Äpfeln roch. Ein Telefonanruf klärte die Situation: Es war kein Alarm, und wir konnten den Keller wieder verlassen. Verrückt, daß mich lange noch der Geruch von Äpfeln an den Kriegsausbruch erinnerte !

Am Abend wurde darüber gesprochen, ob man in Kaiserslautern noch sicher sei für den Fall, daß die Westmächte mit der Kriegserklärung Ernst machten. Meine Mutter war besorgt, daß sie mit uns Kindern den Freunden zur Last fallen könnte, vor allem dann, wenn es auch hier zur Räumung der Stadt oder gar zu Kampfhandlungen käme. Jemand hatte berichtet, daß von

Pirmasens her ständig Züge mit Evakuierten unterwegs seien, auf Fahrpläne könne man sich nicht mehr verlassen.

Am nächsten Morgen telefonierten wir mit meinem Vater in Pirmasens. Auch er meinte, wir sollten nicht dableiben, und so wurde beschlossen, daß wir versuchen sollten, mit der Bahn nach Nürnberg zu kommen, wo eine Schwester meiner Mutter lebte. Wir packten erneut unsere Sachen zusammen. Es gelang uns, in einem der stark besetzten Züge Platz zu finden, und so trafen wir am Sonntagmorgen bei der Tante in Nürnberg ein. Als erste Neuigkeit erfuhren wir, daß England und Frankreich Deutschland den Krieg erklärt hatten. Ich soll damals gesagt haben, wenn der Krieg lange genug dauere, würde ich wohl auch noch Soldat werden. Welch eine Vorahnung!

Rund fünf Jahre später war es tatsächlich soweit. Mein Jahrgang stand zur Einberufung zum Wehrdienst an. Krieg ist immer Unheil. Aber damals war die Lage ausweglos. Die Zukunft dunkel wie ein schwarzes Loch. Zwar lief die staatliche Propagandamaschine auf Hochtouren. Durchhalteparolen wurden herausgegeben, anfeuere Reden, mehr geschrieen als gesprochen, kamen über den Rundfunk. Von neuen Wunderwaffen war die Rede. An Hauswänden und Mauerstümpfen standen mit Kreide geschriebene Parolen, wie: "Räder müssen rollen für den Sieg!", "Führer befiehl, wir folgen dir!" Aber niemand mochte Ende 1944 noch an den sogenannten Endsieg glauben. Warum auch! Der Niedergang war absehbar.

Mittlerweile war ich Siebzehn. In diesem Alter hatte man bereits an Fliegerabwehrkanonen und Flak-Scheinwerfern gestanden, man konnte ein Gewehrschloß auseinandernehmen und wieder zusammensetzen, man wußte wie man schießt, eine Handgranate abzieht und wie man sich mit einem Feldspaten eingräbt. Den Arbeitsdienst hatte ich gerade hinter mich gebracht, nun war ich von Anfang Dezember bis Weihnachten noch einmal zu Hause in Pirmasens. Von ferne hörte man bereits den Kanonendonner der langsam näherrückenden Front. Kaum jemand glaubte noch daran, daß der Westwall die Amerikaner davon abhalten würde, in den nächsten Wochen oder Monaten auf pfälzisches Gebiet vorzustoßen. Es war nur noch eine Frage der Zeit.

Am Abend des 13. Dezember schoß zum erstenmal amerikanische Artillerie in die Stadt. Mein Großvater hatte an diesem Tag Geburtstag, und die Familie saß gerade am Tisch, um ein bißchen zu feiern. Was auf dem Tisch stand, war karg. Als man die ersten Granaten in der Stadt einschlagen hörte, verlor mein Großvater die Nerven, er mußte weinen.

Am nächsten Tag erhielt ich meinen Gestellungsbefehl. Am 28. Dezember hatte ich mich in Breslau-Hartlieb in der Kaserne zu melden. Das war natürlich die entgegengesetzte Richtung und sah nach Ostfront aus. Ich besorgte aus dem Wald für das Weihnachtsfest einen Tannenbaum, den ich auf meinen alten Schlitten band, und mit dem ich immer wieder vor den Jagdbombern in Deckung gehen mußte, bis ich ihn endlich daheim hatte. Schnelles Reagieren und Tarnen vor dem Feind steckte einem mittlerweile in Fleisch und Blut. Die Jabos schossen auf alles, was sich bewegte.

Am zweiten Weihnachtstag brachte mich mein Vater abends zum Bahnhof. Es war ein Abschiednehmen ins Ungewisse. Im Zug versuchte ich, durch das mit blauer Farbe bestrichene Abteilfenster zu sehen. Draußen blitzte es immer wieder schwach auf. Ich hoffte, daß mein Vater gut nach Hause zurückkommen würde. Auf unserem Weg zur Bahn hatte die Artillerie wieder in die Stadt geschossen. Ich saß ganz allein im Abteil. Oben an der Decke brannte eine trübe Funzel von Lampe, deren Licht auf ein Plakat an der Wand gegenüber fiel: „Pssst...., Feind hört mit!" Ich schob das Fenster einen Spalt breit nach unten und erblickte in Richtung Kaiserslautern einen rötlichen Feuerschein.

Der Zug fuhr bis Hohenecken. Die Strecke nach Kaiserslautern war nicht freigegeben. Sie war durch einen Luftangriff unterbrochen worden. Genaueres wußte man nicht. Der Schaffner forderte die wenigen Reisenden zum Aussteigen auf. Wir mußten den Weg zur Stadt zu Fuß antreten. Zwei Eisenbahner begleiteten uns. Der eine ging mit einer abgedunkelten Laterne voraus, der andere folgte am Schluß. Wir gingen den Weg durch den Wald, ein Stück weit entlang der Bahnlinie. Der Himmel vor uns war rot, scharf zeichneten sich die Kronen der Kiefern ab. Von Zeit zu Zeit blieb die Gruppe stehen, um zu verschnaufen. Es waren ältere Leute mit schwerem Gepäck dabei, und man half sich gegenseitig beim Tragen.

Wir erreichten den Stadtrand am Gußwerk. Der Angriff war längst vorüber, doch loderten da und dort noch Brände, vor allem in der Richtung Hauptbahnhof. Dort sah es dann auch schlimm aus. Das Gebäude stand in Flammen, Löscharbeiten waren im Gang. Das Dach war abgerutscht und lag mit Teilen der Bahnsteigüberdachung auf den Gleisen. Überall Glassplitter! Wo man hintrat, knirschte es unter den Schuhen. Ein Schaffner führte uns aus dem Inferno heraus und brachte uns zu einem außerhalb des Bahngeländes bereitstehenden Zug. Nachdem alle Reisenden eingestiegen waren, ging die Fahrt weiter ins Dunkel der Nacht. Hinter uns stand der rote Feuerschein unruhig am Himmel, bis uns der Heiligenbergtunnel in seine absolute Finsternis einschloß. Es sollten fast zwei Jahre vergehen, bis ich den Lauterer Bahnhof, oder was von ihm übrigblieb, wiedersah. Er war nur noch ein Trümmerhaufen. Die Züge konnten zwar wieder durchfahren, aber Fahrkartenschalter und Warteraum waren in einer Baracke untergebracht, die auf den Grundmauern einer zerbombten Gepäckhalle stand.

Viel Zeit ist seitdem vergangen. Wie oft bin ich, seit ich in Hohenecken wohne, immer wieder diesen Weg an der Bahnlinie entlang gegangen! Die Gedanken wollen immer mit Möglichkeiten spielen. Was wäre geworden, wenn...? Wenn dieses oder jenes Ereignis nicht oder wenigstens anders eingetreten wäre? Endlose Überlegungen, Gedankenspielereien, Fantasien. Aber doch eigentlich zwecklos. Die Vergangenheit läßt sich nicht mehr ändern, und es gibt wohl keine nutzlosere Art zu denken, als den unverwirklichten Möglichkeiten unseres Lebens nachzuhängen. Schließlich ist das Leben an sich doch schon bunt genug, auch wenn es nicht immer so schön ist, wie wir es uns wünschen.

KARL BRETZ

6000 Jahre Kaiserslautern

Der Kuckuck pfeift's im Pfälzerwald:
„Wir sind 6000 Jahre alt!"
Ein Grund, recht fröhlich auszuplaudern:
„6000 Jahre Kaiserslautern",
denn daß bei uns vor vielen Jahren
die ersten Steinzeitmenschen waren,
das wissen wir nun ganz genau
durch unseren Theaterbau.
Hier haben nämlich ein paar Knaben
die Steinzeittrümmer ausgegraben
und das verbürgt uns ohne Zaudern:
6000 Jahre Kaiserslautern.

Doch weil die Lautrer jener Zeit
vor lauter Saufen, Zwist und Streit
nicht lesen oder schreiben lernten
und sich dann auch von hier entfernten,
gibt es in unserm Stadtgeschicke
dann eine riesengroße Lücke,
bis dann vor knapp 2000 Jahren
bei uns die ersten Römer waren.
Denn als die Römer es riskierten
und schnurstracks Richtung Rhein marschierten,
da haben sie mit Roß und Wagen
ihr Camp bei Lautern aufgeschlagen.
Doch weil ja Mainz ihr wahres Ziel
und's ihnen hier nicht wohl gefiel
in unserm dichten Pfälzerwald,
da haben sie sich ziemlich bald
- um nicht zu sagen über Nacht -
nach Norden aus dem Staub gemacht.

Es folgten unsre Urgroßahnen,
die Völkerstämme der Germanen.

Sie waren schlau und merkten dann,
daß man hier herrlich leben kann
wo Wald ist voller Hirsch und Rehe
und auch der Wein ganz in der Nähe
und wo auch früher - wie zu lesen -
einmal das Paradies gewesen.

Und wirklich hat's nicht lang gedauert,
da hat man einen Hof gemauert,
weiß Gott, den mächtigsten im Land,
den hat man Lutra dann genannt,
was für die Menschen mit viel Geist
schlicht auf lateinisch „Lautern" heißt.
Und dieser Hof, der hatt' was an sich,
weil dort 622
laut Urkund', also nicht gelogen,
sogar ein König eingezogen.
Und fortan war, das ist kein Witz,
der Marktfleck gar ein Königssitz.

Rasch hat sich dieser Ort entwickelt,
zwar leicht verwinkelt und verzwickelt,
bis Kaiser Friedrich lobesam
nach Lautern dann gezogen kam.
(Sie werden ihn, wie wir ihn nennen,
als Barbarossa besser kennen.)
Er kam nach Lautern, sah und blieb,
und weil ihm dieser Ort sehr lieb,
ließ er sich eine Pfalz erbauen,
man konnt' kaum seinen Augen trauen,
so stolz und mächtig stand sie da,
das Schönste, was man jemals sah.
Auch das ist nicht von mir erdichtet,
denn das wird urkundlich berichtet.
Drum sprach man fortan ohne Zaudern
nicht mehr von einem Orte Lautern,
denn dieser durft', wie Sie ihn kennen,
sich stolz „des Kaisers Lautern" nennen.
Gar mancher hohe Ehrengast
hielt Hof in diesem Prunkpalast.

Genau 1276
sprach König Rudolf: „Nun das gibt sich,
ich hab den Ort mir angeschaut
und weil der wirklich schön gebaut,
muß ich die Bürger einmal loben,
drum wird der Ort zur Stadt erhoben!"

Die Zeiten nahmen ihren Lauf
und fast dreihundert Jahre drauf,
da lebte Pfalzgraf Casimir.
Und dieser Mensch erbaute hier
sich dann ein riesengroßes Schloß,
worauf er sich dann auch entschloß,
sein ganzes Leben hier zu bleiben,
um sich die Langweil zu vertreiben.
Nun, diesen Pfalzgraf kennt man als
den frohen „Jäger aus Kurpfalz".
Er wird noch heute hoch verehrt,
denn wer als Pfälzer sehr viel wert,
dem wird als Dank für seine Mühen
bei uns der „Casimir" verliehen.
So haben bisher das Symbol
Fritz Walter und auch Helmut Kohl.

Dann zogen Kriege über's Land,
die Stadt ward völlig abgebrannt
und wie uns der Chronist berichtet,
dann auch das schöne Schloß vernichtet.
Doch stets begann man mit Vertrauen,
das Städtchen wieder aufzubauen.
Weil Lautern überall geschätzt,
ward es verpfändet und besetzt
und halb Europas Militär
kam anstandshalber einmal her,
so auch noch Frankreich's großer Sohn,
der mächtige Napoleon.
Doch hatt' er hier nicht viel zu feiern,
die Pfalz kam schließlich dann zu Bayern
und ist, Sie wissen's, meine Lieben,
recht lange bayrisch auch geblieben.

Die Bürger waren nimmermüde,
die Stadt wuchs auf zu voller Blüte.
Ganz gleich, wohin man auch geschaut,
hat man gewerkelt und gebaut,
es gab urplötzlich Industrie
und irgendwie, man weiß
nicht wie, konnt' jeder Bürger Geld verdienen,
die meisten durch die Nähmaschinen.
Kein Mensch mußt' jetzt vor Durst mehr schreien,
bei 25 Brauereien
war Kaiserslautern jedenfalls
das größte Bierfaß unsrer Pfalz.
Man lebte froh und lustig weiter,
war einig, stark und meistens heiter
und ehe man sich groß gewundert
war man im 20. Jahrhundert.

Hier war's dann nicht mehr allzuweit
mit unsrer guten, alten Zeit.
Es kam, nun ja, Sie wissen schon,
ein Krieg, danach die Inflation
und dann der allergrößte Streich
12 Jahre 1000-jähr'ges Reich.
Dann lag auch 45 wieder
die ganze Stadt kaputt darnieder,
zum Weinen und zum Haareraufen
ein einzig großer Trümmerhaufen.
Jedoch durch vieler Bürger Fleiß
und wie heut jeder von uns weiß
entstand ein neues Kaiserslautern.
Und wenn wir schon darüber plaudern,
bestimmt die allerschönste Stadt,
die's je für uns gegeben hat.

Man hat, was manchen zwar verfeindet,
das halbe Umland eingemeindet
und wurde durch den Trick recht listig
urplötzlich Großstadt laut Statistik,
und Lautern war mit einemmal
als Großstadt international,

zigtausend Amis waren da
in K-Town, Klein-Amerika.
Es kam die Universität,
die beste, die in Deutschland steht,
das schönste Rathaus hierzuland,
zum mindesten was uns bekannt,
durch unsern mächtigen Verkehr
gab's bald auch keinen Parkplatz mehr,
der FCK, jetzt deutscher Vize,
ist durch sein Stadion längst Spitze
wie Kaiserslautern's größte Schau,
der neue Pfalztheater-Bau. -
Politisch ging fast auch nichts schief,
die Stadt ist ein Superlativ.
's ist schad, noch vieles wegzulassen,
doch muß ich mich zusammenfassen
und sage wirklich ohne Zaudern:
Es geht nichts über Kaiserslautern!

ROSEMARIE GEIGER

Angekommen - angenommen - Zuhause

Es war an einem winterlichen Vorfrühlingstag 1971 als ich von Berlin nach Frankfurt flog, mein Mann mich dort abholte, um mich zu unserem zukünftigen Wohnort zu bringen, nach Kaiserslautern. Mein Mann hatte einen Ruf an die neue Universität angenommen, kannte sich schon gut aus, für mich war alles Neuland. Vom Flughafen ging es über die Autobahn an Ludwigshafen und seiner Industrie vorbei. Dann begannen die Weinberge, Burg Leiningen, Wald, ich fand es schön. Schließlich näherten wir uns Kaiserslautern, Kasernen, Mainzer-Straße, es sah aus wie Einfahrten in häßliche amerikanische Vororte, ich war entsetzt. Ich meinte: „Dann hättest Du auch den Ruf nach Windsor/Kanada annehmen können!" Mein Mann verlegen:"Warte doch erst mal ab!" Dunkeltälchen hinauf, hier sah es gut aus, dann Pfaffenbergstraße, die ehemalige PH. Das Gebäude sollte Universität sein oder vielmehr werden? Mein Mann sah meinen skeptischen Blick: „Gleich hier beginnt der Wald, den liebst du doch so!" Viel Nadelholz, fast wie Grunewald, na ja.

Im Gebäude kam ein freundlicher Mensch auf mich zu in einem blauen Kittel wie ich ihn auch habe, ein Künstler ? Ja, Professor Horst Römer. Seine Fröhlichkeit war ein Lichtblick, sein Charme glich die Tristesse der Räume aus. Eine nette Kollegenfrau brachte mich in die Stadt zur zukünftigen Schule des Sohnes, als Altsprachler kam nur eine in Frage, dann Suche nach einem Klavierunterricht. Zur privaten Musikschule. Die Leiterin empfing uns freundlich, ein Mädchen bemühte sich während unseres Gesprächs verzweifelt auf dem Klavier den Funken aus der Götter Freude zu schlagen. Die alte Dame meinte beruhigend, daß ein begabter Schüler natürlich Herrn Sowieso als Lehrer bekomme. Ich verabschiedete mich dankend und dachte verzweifelt: nach acht Jahren freier Improvisation jetzt „Fröhlicher Landmann" und „Träumerei". Karajan meinte später in einem Gespräch, so ein Unterricht führe oft zu "klavierlehrergeschädigten musikalischen Kindern", seine gehörten auch dazu. Wie tröstlich! Meine Abneigung gegen das Weggehen aus Berlin wuchs, ich suchte Pluspunkte für Kaiserslautern.

Als Bezirksverordnete in Berlin betrachtete ich die Stadt kommunalpolitisch und wurde traurig, wie wenig Bemühungen es gab, aus dieser Stadt mehr zu machen. Schrecklich der Verkehr in der Fackelstraße, die Enge der Bürgersteige, das wenige Grün, historische Gebäude ungepflegt, um die Stiftskirche, einem schönen Bau, keine Bürgernähe, ein gepflasterter Platz ohne Kinder, ohne Spielecke, ohne Bänke für ältere Leute zum Ausruhen, zu einem Schwatz, ohne Bäume, ohne Grün, nur Steine, ein Platz ohne Sinn, aber mit Kirche! Die Altstadt gammelte vor sich hin. Nirgends Straßencafes, keine netten Boutiquen, nur zwei Kaufhäuser mit fast identischem Angebot. Aber ein hohes Beton-Rathaus, dominierend, über was eigentlich? Bei einem weiteren Besuch fuhr mein Mann mich tröstend in den Wald, wir wohnten im Bremer Hof, im Aschbacherhof, dort war es wenigstens draußen schön, in der Umgebung fühlte ich mich wohl. Die neue Universität wuchs, mein Mann war erfüllt mit Pioniergeist. Einmal saß ich im Café Bremer an einem Tisch mit einer älteren Dame. Wir kamen ins Gespräch, das heißt sie fragte mich aus und machte sympatischerweise aus ihrer Neugier keinen Hehl. Im schönsten Wienerisch sagte sie: „Ach Gott, Sie kommen von Berlin nach Kaiserslautern? Sie Ärmste, hier ist nichts los!" und munter plauderte sie. In etwa zwei Stunden erfuhr ich alles nach ihrer Meinung Wissenswerte über die Stadt und ihre Gesellschaft. Ich fand die Dame herrlich erfrischend und wir haben uns später noch oft getroffen. Ich kannte ja niemand von denen, über die sie sprach, aber ich wußte nun ganz gut, wer wichtig ist und wer nicht.

Die Eigenheimsuche führte uns kreuz und quer durch die Stadt. Ich lernte viel über Erbpacht, Grundstückspreise, Haustypen, Baufirmen, Stadtverwaltung. Der erste Beamte, auf den wir im Bauamt trafen, war wie mein Mann auch in Potsdam-Babelsberg aufgewachsen, das gab Nähe. Wir entschieden uns für den Fischerrück, ein ödes Baugelände, aber Haustyp und Grundstück gefielen uns und der Preis auch. Gut ein Jahr dauerte es noch, bis wir mit Sohn, Großmutter, Meerschweinchen und altem Kater umzogen. Erst die Grenze. Nach Gesundheitskontrolle des Meerschweinchens am Kontrollpunkt mit Kosten 20,-- DM West, durften wir über die Autobahn gen Westen ziehen. Am Tag noch vorher letzte Bezirksstadtratsitzung, Abschied mit großem Blumenstrauß, abends Philharmonie-Konzert (wir hätten daheim auch keinen Stuhl mehr gehabt) mit Karajan und David Oistrach. Ein würdiger Abschied von Berlin.

Unser vollgepackter VW-Käfer zuckelte hinaus aus Einmauerung und Grenze in eine neue Freiheit. Die Großmutter reiste derweil mit Kater auf dem Schoß per Bus, der Möbelwagen kam am nächsten Tag. Am Morgen stand ich in der sandigen, felsigen, rötlichen Wüste, die einmal Garten werden sollte, und schaute etwas ratlos und wehmütig hinab in die Lothringer Dell, auf schmucke Häuser und Gärten. Da raschelte es am steilen Hang und es kraxelte eine Frau herauf mit einem Chrysanthemenstrauss: „Ich bin Frau Bauer, Ihre Nachbarin, und möchte Sie herzlich willkommen heißen", sagte sie mit liebem und freundlichem Gesicht und gab mir die Hand. Ich war so überrascht, aber dankbar glücklich, daß ich erst gar nichts sagen konnte. Da tauchte hinter ihr noch ein so freundliches und zugleich verschmitztes Gesicht auf, ihr Mann. Er begrüßte mich wortreich, aber ich verstand absolut nichts, denn er sprach unverfälschtes Pfälzisch. Ich nickte oder schüttelte den Kopf und hoffte nur, daß ich beides an den richtigen Stellen tat. Seine Frau amüsierte sich und schließlich lachten wir alle drei schallend. Es begann da eine Freundschaft, die bis zum Tod der beiden guten Menschen hielt. Durch ihn lernte ich das Pfälzische verstehen, von ihr Verständnis für Land und Leute. An diesem ersten Tag begriff ich, daß es nicht wichtig ist, in welchem Ort man lebt, daß es auf die Menschen ankommt, ihre Offenheit und Auf- und Annahmebereitschaft dem Fremden gegenüber. Ich wußte seit diesem ersten Tag, daß es gut ist, hier zu sein, wir wurden angenommen und waren hier Zuhause, angekommen.

Gehe ich jetzt durch die Stadt, empfinde ich sie als lebendig, jung und liebenswert. Die blühende Universität mit ihren jungen Menschen hat viel dazu beigetragen. Jedem Neuling wünsche ich, daß ihm das Wichtigste in dem neuen Zuhause zuteil wird, wie mir damals: der herzliche Willkommensgruß des Nachbarn.

HELGA ROLOFF

am kalkofen

I
sie gehen ihre straße entlang
und fühlen sich stark
wie kleine kinder im cowboykostüm

we've got the power schreiben sie
an die schmutzige fassade
sie schrein es hinauf in den himmel
und träumen es in den nächten
auf klebrigen kissen

sie warten
wie schauspieler
auf einen nebenrolle
trinken
gegen die angst
übersehen zu werden
und fallen

die zeit zermahlt den traum
die schrift blättert vom putz
der himmel schweigt ohne ende

heute wollen sie nur noch leben
weiter nichts
haben endlich begriffen
daß sie keine rolle spielen
und daß es in dieser straße
keine tür gibt
um hinauszugehen

II
gestern nacht
hatte der mann
den container
mit der aufschrift
malteser hilfsdienst
in der friedenstraße
aufgebrochen

heute morgen
hat die frau
die fensterlöcher
mit frischen lumpen
zugehängt

für das kind
fand sich
in dem bündel
ein t- shirt
mit dem aufdruck
don't worry
be happy

III
wenn er nüchtern war
und das war selten
nahm er sie manchmal
in den arm
versprach
ich hol uns hier raus
glaub mir
sie glaubte ihm nicht

einmal kam er
sagte ich hol uns hier raus
ich hab einen job
sie sah ihn nicht an
er ging

in der nacht kam er
betrunken
fiel über sie her
fiel auf den boden
erbrach sich
blieb liegen
und dachte
nur schlafen
es war vier
und nebenan weinte das kind

um viertel nach sieben
schaut der polier auf die uhr
und sagt das hätt ich mir
denken können bei der adresse

IV
dort wo einmal
sein rechtes auge war
glüht jetzt und besonders
wenn er getrunken hatte
eine kurze wulstige narbe

sie hatten die haut seiner wange
hoch- das restliche oberlid
heruntergezogen und beides
zusammengenäht letzten sommer
nach dem streit vor der runden ecke

bert war mit einer bierflasche
auf ihn losgegangen wofür er
sechs monate bekam

was ich auf dem einen auge sehe
reicht mir hatte er später
zu bert gesagt und seitdem
gehen sie wieder gemeinsam auf tour

was hätte er auch machen sollen
er hatte doch nur bert

und den schmerz
dort wo einmal das rechte auge war
den spürte er nur noch
wenn das wetter umschlug

V

als der lehrer sie ansprach
und nach ihrem namen fragte
erschrak sie

noch bevor sie antworten konnte
rief einer von hinten
die heißt katie kalkofen
die anderen lachten

sie spürte den schmerz
unter der haut
und schwieg

der lehrer sagte so so
dachte daß man ein auge
auf sie haben müsse
faßte instinktiv
nach seiner brieftasche
und vergaß
das mädchen noch einmal
nach ihrem namen zu fragen

KARL SCHUMACHER

Kaiserslautern glossiert.

Lieblich eingebettet in von viel Stacheldraht umzäunten Wäldern liegt Kaiserslautern, die alte ehrwürdige Barbarossastadt. Heute ist Kaiserslautern eine internationale Stadt. Außer Amerikanern, Franzosen, Türken, Portugiesen, Italienern, Jugoslawen, Spaniern, Polen und Afrikanern leben aber auch heute noch einige Einheimische in ihren Mauern, die öfters von Überschallflugzeugen durchbrochen werden.

Zur wechselvollen Geschichte der Stadt: Beim Bau des höchsten Rathauses Deutschlands fand man bei den Ausgrabungsarbeiten ein Gefäß mit folgender Inschrift: „E liewer Gruß vun de alde Römer un des wär e alder Latwerchäämer." Dieser wertvolle Fund dürfte als sicheres Zeichen gelten, daß auch schon im Flecken „Lutrina" vor vielen hundert Jahren die so liebliche Pfälzer Mundart genau so gut beherrscht worden ist wie heute in den Stadtteilen Kotten und Krimm. Viele inzwischen Zugereiste tun sich allerdings schwer beim Übersetzen des Lautrer Dialekts in die hochdeutsche Sprache. Als Beispiel ein Zwiegespräch in einer Bäckerei: „Henner heit kä Weck? - Nä, die Weck sinn all wegg! - Ei wer war dann do do?" noch schwerer die Übersetzung „Werrer wirrer werre wie er war?" (Wird er wieder werden wie er war?) Das umständliche „Wie bitte?" kürzen die echten Lautringer ab in „Hä?". Nachhilfestunden bietet die Volkshochschule kostenlos an.

Zurück zu den Ausgrabungsarbeiten: Ein alter rostiger Nagel, der ebenfalls an gleicher Stelle gefunden wurde, läßt mit Sicherheit darauf schließen, daß Kaiserslautern bereits in der Eisenzeit besiedelt gewesen sein muß.

Kaiser Barbarossa, auch als „Rotbart" in die Geschichte eingegangen, ließ es sich nicht nehmen, sich hier niederzulassen und oft am Stammtisch im „Spinnrädchen" oder bei der „Bäckerbas" zu erscheinen. 1152 eröffnete er sogar selbst ein Lokal, die sogenannte „Kaiserpfalz". Die „Kaiserpfalz" war zwar nicht ganz so hoch wie das heutige Rathaus, aber die Fundamente waren solider. Unter dem heutigen Rathaus schläft der Sage nach noch heute der alte Barbarossa, darüber die Stadtverwaltung.

Von hier aus unternahm auch Friedrich I. seine Treibjagden, um Bären und Auerochsen zu erlegen. Heute werden bei städtischen Treibjagden Bären nur noch aufgebunden und fast nur noch Böcke geschossen.

Eine große Zeit erlebte die Stadt unter Pfalzgraf Johann Casimir, dem Erfinder des Casimir-Ringes und Ahne eines bekannten Lauterer Schriftstellers. Die Bauunternehmung Christian Strohmayer & Co. KG, die schon damals vor den einheimischen Unternehmungen zum Zuge kam, baute dem Casimir ein prächtiges Schloß, das uns der Kupferstecher Merian in seinen alten Ansichten über die Stadt überliefert hat. Im zum Teil erhalten gebliebenen und später wieder aufgebauten Casimir-Saal werden daher noch heute von der Stadtverwaltung die ganzen Freunde und Kupferstecher empfangen.

Die blühende Zeit war bald vorbei. Verschiedene Kriege, hauptsächlich Erbfolgekriege, die heute nur noch innerhalb von Familien intern ausgetragen werden, zerstörten die engen Gassen Kaiserslauterns. Dem städtischen Bauamt ist es aber trotzdem gelungen, manche Gäßchen wieder so aufzubauen, wie wenn nichts gewesen wäre.

Heute bietet Kaiserslautern das Bild einer modernen Großstadt mit über 100 000 Enwohnern. Man denke nur an das laufend Stückchen für Stückchen erweiterte Städtische Krankenhaus, das im indischen Stil - viele Patienten liegen nämlich entlang des Ganges - aufgebaut ist.

Auch viele neue Schulbauten sind in den letzten Jahren entstanden, vorgesehen für die Jugend und hoffentlich nicht gebaut für die Katz. Bekannt und umstritten ist das groß angelegte Schuldenzentrum Süd. Das Glanzstück von

Kaiserslautern ist allerdings die neue Universität, wo man fast alles studieren kann außer Theologie, obwohl die Universität auf dem „Pfaffenberg" liegt.

Mit dem Warmwasserbad ist auch ein lang gehegter Wunsch der Bevölkerung in Erfüllung gegangen, sich über Wasser zu halten. Auch zum modernen Hallenbad mit seinem Planschbecken hat jeder Bürger einen Eimer Wasser dazu beigetragen.

Mächtige, zum Teil bis zum obersten Stockwerk reichende Geschäftshäuser, riesige Beamten-Silos, moderne Wohnblocks des Sozialen Wohnungsbaues - in denen Arbeiterfamilien schon ab tausend Mark Miete Unterkunft finden - prägen das Bild der Stadt. Die Kunst am Bau wird auch in Kaiserslautern nicht vernachlässigt. Das berühmte „Ofenrohr" am Gewerbe-Museum sorgte bei den Lauterer Kunst-Experten für viel Aufregung. Genauso streitet man darüber, ob man beim Finanzamt nicht ein Schillerdenkmal gestalten soll, damit der Dichterfürst täglich seine „Räuber" sehen kann.

In Kaufhäusern geht es mit verschiedenen Rolltreppen stets auf und ab. In unzähligen Supermärkten am Rande der Stadt drängen sich die Kunden nach Sonderangeboten mit dem Motto „Lieber gut, aber billig".

Im Stadtgebiet erinnern nur noch Zebrastreifen an die früheren Wildwechselstellen des Jägers aus Kurpfalz. Die Parkplatzprobleme gab es damals nicht, da im Mittelalter die meisten Bürger noch per Fuß gehen mußten, dafür aber gesünder lebten.

Mitten in der Stadt majestätisch der historische Bau der Fruchthalle. Nur noch hunderte von Birnen in der Deckenbeleuchtung erinnern an den früher hier stattgefundenen Obstmarkt. Heute ist die Fruchthalle für Konzerte, Vorträge, Karnevalsveranstaltungen und politischen Kundgebungen ein Ort der Begegnung. Hier treten in Wahlzeiten oft Politiker der ersten und zweiten Garnitur auf, wodurch sich die dicken eichenen Balken schon oft gebogen haben. Am Stadtrand entstanden in den letzten Jahren überall neue Wohnsiedlungen. Im Norden haben sich viele Prominente seßhaft gemacht. Hier strahlt auch das berühmte Südwestfunkorchester seine Töne aus. Im Süden liegt die neue Waldstadt auf dem historischen Betzenberg. Hier entstand das alte Volkslied „Wer hat dich, du schöner Wald, abgeholzt so hoch dort droben."

Auf dem Bännjerrück sind moderne Bungalows mit viel Fleiß und noch mehr Hypotheken errichtet worden. Im neuen Uni-Wohngebiet wird eine moderne Makler-Rennbahn entstehen, wobei viele nur schwer aus den Startlöchern kommen.

Im Lautertal hat man eine supermoderne Kläranlage geschaffen, weil vieles bei der Stadt noch ungeklärt ist.

Kaiserslautern entwickelte sich in den letzten hundert Jahren immer mehr zur bedeutenden Industriestadt mit Unternehmen von Ruf. Da nicht jeder Einwohner vor über hundert Jahren Trompete spielen wollte, stellte ein einheimischer Instrumentenmacher 1862 seine Produktion auf Nähmaschinen um. Leider macht auch Pfaff heute nicht mehr so die Musik wie in den letzten 120 Jahren. Bekannt sind auch die Eisenwerke, deren Brücken heute noch in vieler Munde sind. Die weltbekannten Spinner der Kammgarn haben aufgegeben und dienen nur noch der Unterhaltung. Viele Spinner sind jetzt in öffentlichen Ämtern tätig. Die Zschockewerke existieren auch nicht mehr, obwohl sie früher brennend an Aufträgen interessiert waren. Selbst die letzte Brauerei - von ursprünglich 24 - konnte den Durst von neuzeitlichen Rationalisierungs-Managern nicht löschen und bezieht jetzt das gute Kaiserslauterer Wasser aus dem Odenwald. Der Schaum wird allerdings noch beim hiesigen Stadtrat geschlagen und selbst an Flaschen ist in Kaiserslautern kein Mangel. Vor Jahren kam auch der Autoriese Opel mit rasender Geschwindigkeit herangebraust und hielt sich gottseidank nicht an die 30 km-Geschwindigkeit, die sonst überall in der Stadt üblich ist. Wir sind heilfroh über diese Opel-Kadetten.

Kaiserslautern ist auch der Mittelpunkt der Kultur der Pfalz. Das Pfalztheater gehört zu den besten Theatern der ganzen

Pfalz. Viele Künstler haben schon das Pfalztheater mit dem Freibad verwechselt und benutzten es als Sprungbrett ihrer Karriere. Ein neues, modernes Theater ist im Entstehen und es wird fieberhaft daran gearbeitet. Bekannte Musiker machten Kaiserslautern bekannt, es sei nur an den Geiger Schmeller mit seiner Glanznummer vom „Großmütterchen" oder an die bekannte Altistin „Julchen" erinnert, deren Glanzrolle im Freischütz unvergeßlich bleibt.

Die Konzerte der Stadt werden immer beliebter. Das Reportoire des städtischen Streichorchesters, unter der Leitung von Generalmusikdirektor Gerhard Piontek, reicht von der „Unvollendeten" bis zur „Schröpfung".

Bekannt ist Kaiserslautern hauptsächlich als die „Stadt des Sportes". Hier ist der mehrfache Deutsche Fußballmeister, der 1. FC Kaiserslautern, daheim. Seine Sportstätte ist das Fritz-Walter-Stadion, genannt nach dem Fußball-Weltmeister Fritz Walter, der seine Heimatstadt nie verleugnet hat und daher auch mit Recht Ehrenbürger geworden ist. Die Bundesligaspiele finden unter Flutlicht statt. Die Zeit, in der man Strom sparen mußte für das Schlußlicht, scheint vorbei zu sein. Leider beherrschen unsere Bundesligaspieler nicht den Lauterer Dialekt, da sie aus allen Teilen der Welt hierher gekommen sind, während sich die berühmte Walter-Elf noch „uff gut pälzisch" unterhalten konnte, wenn sie den Ball „uff de Schlabbe" genumm hann." Die Lauterer Leichtathleten haben noch manche Hürden zu nehmen, ehe sie wieder zur Spitze zählen. Die Schwimmer üben sich im Damenbrustkraulen. Das jährliche Reitturnier steht unter dem Motto: „Hall de Gaul a, es Geld werd all". Die Lauterer Boxer stehen an der Spitze mit dem alten Europameister Karl Mildenberger, der fast immer mit einem blauen Auge davon gekommen ist.

Da Kaiserslautern seit langem bestrebt war, Großstadt zu werden, damit die Beamten höher eingestuft werden, hat man die Eingemeindung naher Dörfer durchgesetzt. So entstand in Siegelbach ein großer Tierpark mit Feiermausgehege, während die Strahlesel nach wie vor in Erlenbach gehalten werden und die Sandhasen in Erfenbach ihr Quartier haben. Morlautern ist der historische Ort, da schon Napoleon die gute Höhenluft schätzte und dafür sogar einen Krieg riskierte. Hohenecken ist berühmt durch seine Burg und die damals dazugehörigen Burgfräuleins, die bis ins hohe Alter um ihre Jungfernschaft kämpften. Mölschbach ist bekannt durch eine metereologische Seltenheit. Es ist der Stadtteil, in dem vierzehn Tage überhaupt kein Wetter war.

Wenn das alles stimmen würde, was ich geschrieben habe, könnte man getrost sagen: „Mensch, ist Kaiserslautern eine herrliche Stadt. Ich bin froh und dankbar, daß ich hier leben darf!"

JUTTA STEINBRECHER

Frühling im Rucksack

Zwei Tage lang saß er in der Fußgängerzone, sein Bündel neben sich. Vor ihm auf dem Boden lagen ein paar bedruckte Seiten, zu kleinen, improvisierten Heften zusammengefaßt. „Die Lyrik eines Landstreichers" stand auf einem Pappschild. Was der Mann in den abgewetzten Kleidern feilbot, waren Gedanken zur „Harmonie der Welt". Der Wind habe sie ihm zugetragen, irgendwo an einem Strand in Südfrankreich. Auch jetzt kommt er aus dem Süden, hat sich über die Alpen und die Schweiz auf den Weg nach Norden gemacht. Er ist ein Zugvogel, nirgends hält es ihn lange. Ob er denn leben könne von den paar Mark, die er auf diese Art verdiene. „Wenn man kein Trinker ist, braucht man nicht viel". Die Nacht hat er im Wald verbracht. Nein, es sei ihm nicht kalt gewesen, er sei daran gewöhnt. „Der Frühling kommt, ich kann ihn riechen, und die Vögel künden ihn an." Er baut auf die Toleranz und Offenheit der Menschen, nur an freundlichen Orten bleibe er für kurze Zeit. Wo wird er wohl heute sein, der alte Landstreicher mit der lyrischen Sprache, dem Humor in den Augen und dem grauen Schnauzbart? Die Mosel hinunter an den Rhein und dann weiter, wer weiß wohin, den Frühling im Rucksack.

Weißt Du noch?

Da saßen sie nun am langen Tisch, die Herren in mittleren Jahren. Graue Haare und manch höher gewordene Stirn kündeten vom Verlust der ersten Jugend. Ein Klassentreffen, 35 Jahre nach dem Abitur, hatte sie zusammengebracht. Es dauerte ein paar Bierchen, bis sich die erste Befangenheit gelegt hatte, bis die wichtigsten Informationen über das Jetzt ausgetauscht und die Schablonen-Schublädchen wieder geschlossen werden konnten. Aus allen war etwas Anständiges geworden, mancher hatte es zu was gebracht. Ein Klassenbild aus Schülertagen wurde herumgereicht. Von Glas zu Glas wurde die Runde jünger, ähnelte sie jener auf dem Foto. Einen Abend lang tauchte man ab in die Vergangenheit, flogen die „Weißt Du noch" hin und her. Vergessen waren die Ehefrauen, die studierenden Kinder, die Alltagssorgen, das Golfspiel und der Job. Der Steuerberater schrieb nochmal seine Abiarbeit, der Lehrer demolierte im Geist wieder die Stühle im Klassensaal. Was waren sie doch für tolle Kerle in einer schwierigen Zeit. Ach, könnten sie später einmal Mäuschen spielen bei all den Abiturienten, die in diesen Tagen die Schule hinter sich gelassen haben. Es wären aufs Haar genau die gleichen Geschichten.

Lautern - tiefste Provinz?

Der Student am Telefon ist nicht glücklich über seinen Studienort. Kaiserslautern ist ihm zu kleinkariert, die Menschen liegen ihm nicht, abweisend seien die Pfälzer, verbohrt und unfreundlich. Kaiserslautern - tiefste Provinz? Zugegeben, für Studenten ist unsere Stadt kein Eldorado an Zerstreuung und kein kultureller Wallfahrtsort. Auch nix mit „Gaudeamus igitur". Selbst für ein bißchen simple Gaudi reicht es nicht immer. Das richtige Studentenleben, was immer man darunter heute bei der ewigen Paukerei auch verstehen mag, suchen die jungen Leute selbst in den ein, zwei Studentenkneipen vergebens. Dennoch, gegen den Begriff Provinz, so wie ihn die meisten Leute verstanden wissen wollen, werde ich langsam allergisch. Kaiserslautern hat für eine mittlere Stadt, deren Kuluretat auf dem letzten Loch pfeift, erstaunlich viel zu bieten. Ich möchte den sehen, der alle Angebote auch nutzen kann. Er wäre auf Wochen hin ausgebucht. Ich meine, es ist zu einfach, immer auf die Provinz zu schimpfen und dabei den Allerwertesten nicht aus dem bequemen Sessel hochzukriegen. Eine Stadt ist immer nur so provinziell wie ihre Bewohner. Dazu gehören auch die Kritiker, die gefälligst anfangen könnten, ihren Lebensraum mitzugestalten. Aber bitte aktiv durch Taten und nicht durch herablassende Arroganz und faule Sprüche.

ANNI BECKER

Die Pälzer Krott im Krotteloch

Es gebt kää schänner Dierche als wie e Krott!
Sie irren, wenn Sie meinen, den Krottentitel hätte ich mir selbst
zugelegt. Im Gegenteil! Bis auf den heutigen Tag ist diese
originelle Bezeichnung für mich mehr oder weniger ein
Alptraum, denn er wirkt wie ein Vergrößerungsglas für die
altpfälzischen Mundartlieder, mit denen ich in Bockenheim
Mitte der 60er Jahre auffiel und die den durchaus liebenswerten
Dürkheimer Journalisten, Schriftsteller und Maler Karl HEINZ
veranlaßten, mir die Lauterer Pressefotografin Waltraud Leppla
ins Haus zu schicken, um meinen Kopf mit Vorsatzlinse zu
portraitieren, damit ich dann von vielen Tausenden von
Rheinpfalz-Wochenendbeilagen mit vergrößerter Nase alle
Pfälzer vom Titelblatt her angrinsen konnte mit besagtem
Untertitel: „Singende Pälzer Krott". Wie gesagt, das
Vergrößerungsglas wirkt bis auf den heutigen Tag und versperrt
den Blick auf meine selbstgetexteten Lieder, welche zu 90
Prozent hochdeutsch getextet sind, da erstens meine Hörer und
Leser in Deutschland und auch im Ausland Schwierigkeiten mit
der Pfälzer Mundart hätten, und zweitens gelten die Inhalte
meiner Songs weltweit, womit ich den literarischen Wert der
altpfälzischen Mundartlieder keineswegs schmälern möchte. Ich
habe sie ja bis dato in meinem Programm. Sie sind zeitlos:

Die Frösch, die Frösch, des is e luschdig Chor!
Ma(n) braucht se net zu strehle. Sie hän jo gar kää Hoor.

Neben den Fröschen spielen auch viele andere Tiere eine
wichtige Rolle im pfälzischen Metaphernschatz, zum Beispiel
als Kosewörter oder als Schimpfwörter. Mein Vater, ein
zärtlicher Papa, nannte mich „Goldhämmelchen,
Seidenhämmelchen, Schwanenhälschen", meine Mutter
hingegen „Schinnoos" (= Schind-Aas!), „Dussel-Dier, Strahl-
Esel, Lumpe-Krott" und ähnliches mehr. Das Liederbuch DIE
KROTT hat allerdings seinen Namen nicht auf meinen Krotten-

Titel bezogen, sondern auf die Liedchen, das mir (als Bruchstück) Mitte der 60er Jahre Carl Zuckmayer mit freundlichen Grüßen zuschickte, denn mein Ruf als Interpretin von altpfälzischen Liedern war bis zum ihm nach Saas-Fee gedrungen. Lange suchte ich vergebens nach der Melodie des Liedchens, denn die hatte mir der berühmte Köpenik-Dramatiker nicht mitgeliefert.

Doch - o Wunder - als ich in den Sommerferien in den Vogesen mit dem Ski- und Kanuclub in der Schnepfenrieder Hütte weilte, mußte beim Pfänderspiel Jakob Walter, seines Zeichens Hausmeister der Fruchthalle, sein Pfand mit Gesang auslösen. Und da hatte ich's:

> Es gebt kää schänner Dierche als wie e Krott,
> weil se kää Gehängebembels hinne henke hot.
> Spitz, kumm raus! Beiß'rer in die Bää!
> Sie freßt de ganze Salat ab, loßt nor die Storze stäh.

Dauwe an de Stiftskerch

Hoch uffem Gäwwel
iwwer de Gauwe
hocken die Dauwe.
Allää uff'me Gaibche
hockt noch e Daibche,
e Weibche.
E Dauwert sieht des Daibche,
un schnurstracks fliegt uffs Gaibche
der Dauwert.
Wie sei Köppche so steht!
Wie er geht
un sich dreht!
Wie er dänzelt
un schwänzelt!
Wie er schnäwwelt, scharwenzelt!
Wie er dibbelt
un hippelt
un flatschert un zippelt!
Gugrugu! Gugrugu!
Uffem Gäwwel die Dauwe, die gucken zu.
Ma(n) sieht:
Er werd mied.
Hat de Läre schun kriet
an sei'm Daibche.
E anneres Weibche
kummt jetzt uff des Gaibche.
Wie er des sieht,
isser gar nimmi mied.
Gugrugu! Gugrugu!
Uffem Gäwwel die Dauwe, die gucken zu.

Ich sing vun Lautre

Ich sing vun Lautre, vun der Stadt,
 wo's soviel schäne Weibsleit hat,
mit Brüstcher un mit Wade;
stehn meischdens in'me Lade
un schaffen als Verkäuferin.
Wie goldig un adrett se sin!
Sie gucken lieb un grinsen sieß
un treten sich ganz platte Fieß,
bloß for e Klicker un e Knopp.
Wer's wääß, der greift sich an de Kopp.
Kää Mann dät sowas mache!
E Mann macht ann're Sache.
Der stei(gt) die Lääder weider
un werd Abteilungsleiter.
Doch guckt ma(n) in de Welt erum,
do isses ganz genau so dumm.
Loß schnerre drum dei Zukunftsträäm
un bleib dehääm!

Ich sing vun Lautre, vun der Stadt,
wo's soviel g'scheite Mannsleit hat:
die Uni-Professore,
Verwaltungsdirektore
in Kammgarn, Banke, Krankenhaus,
Theater un in's Paffe drauß;
de Stadtrat un die Borjemääschder,
('s is ganz egal, ob linker, rechter),
die Redakteure an de Zeitung
un an de Schule hier die Leitung:
Die gute Positione,
die wo sich werklich lohne,
die sin nie for uns Fraue.
Nä, dodruff kannsche baue!
Doch guckt ma(n) in de Welt erum,
do isses ganz genauso dumm.
Loß schnerre drum dei Zukunftsträäm
un bleib dehääm!

WERNER LAUBSCHER

Gedichte

I.
Morgenstimmen
das große traumbeatmete Wandern
wenn wir aufsteigen
in den Montgolfieren
die Nacht zu bemessen
die Sterne die Augen den Schlaf.
Nordwärts die heimfahren
Schwan und Leier
die beiden Himmelswagen
das Singen der Planeten
westwärts die Wachgekühlten
Himmelssegel Sichelmond
satt von den Augengeschichten
nicken
einander zu
langes seraphisches Schweigen
nur der Meerstern
flötenschlank:
ein Stella- maris- Singen.

Da blitzt es auf den Hügeltreppen
die silbernen Seile
an den sieben Enden des Firmaments
die Falben werden eingespannt
der Freischar Aufbruchsfahnen wehn
die Farben der Umherziehenden.
Im Osten der große
aufgehende Bordun.
Auf
Eos
befiehl den Hahnen
sie sollen jetzt
schreien!

II.
Wo aber sind
die auf den Hügeln geblieben
die in den Wiesen lagen
und den Lauten lauschten
ging nicht ein Singen um
ein altes Lied
es ist es war
es war ein Reif
es ist ein Schnee
wer wird sich erinnern
Zeit ist
wie die Fenster so blind
gefallen
in die Worte
gefallen ins Erinnern
die Männer mit den Lederkappen
werfen
beißende Ballen
ich wollt
vor meiner Buhlen Haus
die Häuser
stehn
voller Geschrei.

III.
Stimmen der Tatenlosen:
es hat sich zugetragen
im Träumen und im Schlafen
sie trugens aus
wir trugens heim
schweigsame Knechte
und haben nichts getan
derweilen
im Wachen
bevor wir gehn.
Ein stummes Geschlecht.

IV.
Augen Stirn und Schläfen
im blühenden Eisschloß
hinterm Bergwald
wo das Wiesel mir zuläuft
und sein Geheimnis verrät
Worte Weiser rettende Zeichen
die wieder ausgerollten Lande
daß mein Leib sie
einmal noch schmecke
schmeichelnde Augen
hergegeben Ohr
die silbernen Seile
die Myriam spannte
Himmelsharfe
Tagsternengruß.

Die hier abgedruckten Gedichte sind entnommen aus: "Winterreise. Wintersprache" Mit
freundlicher Genehmigung der Plöger-Verlags GmbH, Annweiler.

MARIA SCHMITT-RILLING

„Martha mach' Kaffee"

Schwalben bringen Glück, behauptet der Volksmund. Das meinige stellte sich spät ein, doch nicht zu spät für genußreiche zwei Jahrzehnte als „quasi-Eckermann" des landbekannten Dichters und Sängers der Heimat erkoren zu sein. Doch Würde bringt Bürde und Hürde. Ich nahm sie gelassen, als eines nachmittags im Jahre 1948 ein mir gänzlich unbekannter älterer Herr an der Wohnungstür in der Wackenmühlstraße 2 läutete. Umgeben von meinen neugierigen Trabanten, der Älteste schon ein wehrhaftes Bürschlein - vernahm ich, was mir der Besucher - in medias res galoppierend - entgegen schmetterte. „Sie haben mein Honorar erhalten. Es steht Ihnen nicht zu". Ich erschrak. Ging es vielleicht um den erfreulichen Betrag für meine Lokalspitze „Eine Schwalbe auf meiner Hand"? Ich wähnte voreilig - Idee und Gestaltung wären „fürstlich" in der neuen Währung entlohnt worden. Namensverwechslung in der Buchhaltung des renommierten Zeitungsverlages hatten die Misere verursacht, die offenbar später ohne mein Zutun ausgebügelt wurde. Dafür hatte der „fremde" Herr gesorgt.
Es war Max Braun-Rühling, der Dichter/

Nichts auf der Welt ist von Dauer. Vergeben und Vergessen die Peinlichkeit erster Bekanntschaft. Die „Schwalbe auf meiner Hand" brachte mir Freundschaft und ungezählte Wanderwege durch die Stadt, sein Kaiserslautern ein. Er wußte um jede Straße und jedes Haus, kannte Schicksale und Geschichte der Bürger bis in die zerstörerische Aera der Kroaten - nur drei Familien konnten sich damals - vor mehr als dreihundert Jahren retten.

Bald wußte ich, wer „Er" in seiner Ganzheit war. Nicht nur Dichter, auch Maler und Musikus und mehr. Ein nie zu übersehendes Original von Persönlichkeit im schlohweißen dichten Haar, im wehenden Paletot, mit dem Gerhart Hauptmann-Hut. Ein Zeitloser, an Jahren hoch, im Gehabe jung, frisch, elastisch, ungebeugt, Zeitzeuge seines Jahrhunderts. In vollen Zügen genoß er Popularität, erwiderte Grüße der Großen wie der Kleinen, Kinder ins Herz geschlossen, stets ein „Gutes" in den Taschen, eine eingewickelte Brezel, selbstredend bei Brezel-Adam erstanden, der ihm die neuesten Schnurren verpaßte.

Auf allen Pfaden sonnte sich der Autor im Erfolg des nach dem Zweiten Weltkrieg entstandenen Buches „Eine Stadt im Feuerregen". Ungeachtet leiser Kritiken aktuelle Zeitungsberichte zum Ensemble gebündelt zu haben, bezeichnete Max Braun-Rühling sein „unter Flammen" geschriebenes Werk als „Oeuvre" von weltweiter Bedeutung. Mag der Zuhörer auch angesichts weit schlimmerer Zerstörung gelächelt haben, am öffentlichen Beifall entzündete sich sein dritter Frühling. Vor allem am Schreibtisch - kein Tag ohne Gedicht. Mit „Phoenix aus der Asche" stieg Lauterns hehrer Geist zur Begeisterung über den Wiederaufbau empor. Allerorts stellte sich der Chronist zur Begutachtung ein. Nichts geschah ohne seinen Kommentar.

Der historische Ort

Als in den fünfziger Jahren das erste Groß-Kaufhaus, das „Hansa" eröffnet wurde, begab er sich unbefangen wie stets zu den Ehrengästen. Der Geschäftsführer kam mit seiner Ansprache nicht weit. Dichter Max erhob sich, fiel dem Redner ins Wort mit vollem Gewicht seines Phaenomens und sprach also: „Mein Herr, Sie wissen nicht um den historischen Ort dieses Hauses. Hier hielt einst die Postkutsche. Von hier aus begaben sich die feinen Herrschaften in die Stadt... und was Sie auch nicht wissen, Kaiserslautern ist die Metropole der Pfalz mit dem großen Fenster nach Westen!" Kulant wie ein Geschäftsmann, vor allem ein Hamburger, der sich zu benehmen weiß, dankte er dem Vorredner und schritt zur Besichtigung, Max Braun-Rühling wich nicht von seiner Seite. Er hatte das „Hansa" eingeweiht.

Ein weiteres Anliegen neben Neu- und Wiederaufbau war sein Geburtstag. Näherte er sich einer runden Zahl, begann er spätestens Anfang Oktober, die dazu Erwählten zu unterrichten, wie die gedruckten Laudationes in Bild und Text zu gestalten wären. So gingen mehrere Interviews dem 17. November voraus. Die Angesprochenen mußten mindestens sein Frühwerk - ab seinem 52. Lebensjahr - gelesen haben, um es zu würdigen. Eine lange Liste stand ihren „Hausaufgaben" bevor: Blätter aus dem Palatin-Almanach, längst museal, das hübsch-sinnige „Anno", die „Glücksucher", Ergötzliches, „Abendrot über der Heimat", die Balladensammlung „Thankmar der Spielwart", das wahrhaft historische Werk „Nibelungenland" ein Nationalroman, der den Urheber nie losließ bis ins hohe Alter, der ihn rief zum letzten Abenteuer des vielgereisten Pfälzers.

Einweihung war ein Zauberwort. Er konnte nichts verpassen. So auch an einem sonnigen Herbstsonntag, an dem wir durch die ruhigen Straßen pilgerten. Er liebte die Mühlstraße, sie führte nach draußen. Aus einer Nebenstraße drang Gesang. Ihm nach zum Neubau der Evangelischen Stadtmission. Eigentlich hatte der lebensfreudige Altlauterer mit den „Frommen" - auch „Mucker" genannt, nichts am Hut.

Von Neugier gepackt, schritt er ins Haus und platzte mitten in die Erntedankfeier hinein. Erschreckt hörten die Kinder auf zu singen. Hausherr Helmchen, der Attitüden des ungewohnten Besuchers kundig, erklärte den Kindern die Auszeichnung dieser Stunde durch den hohen Gast, ein Schriftsteller, ein echter Dichter. Etwas eingeschüchtert setzten die jungen Sänger das Programm fort. Die Predigt entfiel, Max Braun-Rühling erhob sich zum Tisch der Gaben, der Früchte aus Feld und Flur, „predigte" in seiner Art von den Wundern und Schönheiten der Stadt, daß es ein Glück sei, hier in Lautern zu leben und etwas zu werden. „Lauterer Kinder", erklang's im Pathos - „Gott hat Euch gesegnet", sprach's und verschwand, so entschlossen wie er gekommen war. Noch in Hörweite des Hauses vernahm er den Choral „Nun danket alle Gott", verhielt lauschend - in sich gehend - „Singen sie jetzt, weil ich gekommen bin oder weil ich gegangen?" Darüber sinnend eilte er flugs nach Hause in die Eisenbahnstraße 62.

Es war jahrzehntelang die erste Adresse im November, wenn

Max Braun-Rühling, längst im allerengsten Kreis liebevoll „Maxi" genannt, zum soundsovielten Male zu seinem Geburtstag einlud. Eine Familienfeier umfangreichen Ausmaßes. Zur „Familie" gehörten die Maler, die Bildhauer, die „Gedichte"-Schreiber - unter ihnen Susanne Faschon, die jüngste der Favoriten; die Romanciers der Pfalz gaben sich bei Kaffee und Kuchen ein geistreiches Stelldichein, bei dem das temperamentvolle Völkchen der Bühne nie fehlte. So mancher Kommunalpolitiker versäumte nicht die Gelegenheit, an dieser literarischen Tafel, am musischen Leben des Landes, vor allem der Stadt in interessanter Runde Platz zu nehmen. Dabei ging's nicht nur um Künstlerisches - auch um Genüsse des Leibes, der Zunge - in Nach-Kriegsjahren geradezu erpicht auf die köstlichen Produkte aus dem Backofen des Hauses, in dem Tochter Martha Lydia, jung verwitwet, meisterlich waltete und schaltete.

Überhaupt Frau Martha Lydia - eine Perle, was den Kaffee und die Vielfalt ihrer Kuchen betraf, eine Seele von Gemüt, Humor und Toleranz. Mit der Zeit lichtete sich der Kreis der Geladenen, Frischlinge sprangen in die Lücken. Vom Gastgeber in die Zange genommen, was schulische Leistungen betraf, drang ins Ohr, welcher Noten-Glanz am Schulweg des Alten Herrn lag - „Eins mit Stern" in Deutsch, „Eins mit Stern" in Mathematik. Daraufhin habe ich ein Gedicht geschrieben über den Pythagoras! „Es ist doch hoffentlich nicht gedruckt worden", entfuhr es dem entgeisterten Jüngling. Er bangte um sein Lieblingsfach.

Die „Frischlinge" erholten sich beim Kuchenverzehr, griffen unaufgefordert ins füllige Sortiment. Der nächste Schrecken kam bestimmt. Der Dichter schloß wie üblich die literarische Runde mit einem seiner jüngsten Gedichte ab, zitierte vor verstummten Gästen:

> „Was täten da die Hexen
> wohl unterm Dache fexen?"

Der Zweizeiler löste einen Sprengsatz aus, respektlos brachen die Frischlinge in ungebremstes Lachen aus. Der Poet nahm's nicht übel, dankte den Frechlingen für ihr „homerisches Gelächter" und Applaus war beiden Seiten gewiß.

Was Honoré De Balzac die fünfzigtausendste Tasse Kaffee bedeutete, war für unseren renommierten Freund im Schaffen das wahre Lebenselexier. In einem Briefchen „ich lade mich zum Kaffee ein" annoncierte er sein Kommen in die Wackenmühl Nr. 2. Die Familie seines „quasi-Eckermann" war auch kein Kaffee-Verächter. Literarisches kam da wenig auf. Die frechen Frischlinge sorgten für Spannung. Mit welchem Thema würde „Maxi" aufkreuzen? Meist kamen seine Memoiren an ruhmreiche Vergangenheit zum Zug - der Auftritt am Lauterer Stadttheater - als Autor vom „Lachprinzesschen" - von „Erlösung". Über achtzigjährig summte unser Kaffeegast die längst verklungenen Töne zu seinem Märchen-Drama. Fügte mit erhobener Stimme die Applaus-Szene hinzu, fiel in Lauterer Mundart - „ach Ihr Kinner, Vorhäng' hät's gäbb - iwwer dreißig Mol" - ich hann mich jo so 'scheniert' vor de Leit!" Für den Erzähler war alles Erlebte wie gestern gewesen. In ihm schlug die Lebensuhr anders. Uns verschlug es den Atem, wenn die „dreißig Vorhänge" zum ungezählten Mal in der Stube niedergingen.

„Alles schon g'schrebb"

Unvergessen bleibt den Teilnehmern die Lesung im Karlsberg, eine der letzten Veranstaltungen im altehrwürdigen Gebäude, ehe es abgetragen und auf seinem Grund und Boden ein zweites Groß-Kaufhaus - Wertheim - den Marktplatz flankierend errichtet wurde. Ein volles Haus erwartete den in den Fünfziger Jahren sehr bekannten Hugo Hartung. Die „Literarischen" saßen in einer Reihe, inmitten der „Schwestern und Brüder in Apoll" - Lauterns gerühmter Dichter Max Braun-Rühling im vollen Ornat des Gerhart-Hauptmann-Habit. „Piroschka" war bereits über die Mattscheibe geflimmert, Hartung las aus seinem nicht weniger populären Buch „Wir Wunderkinder".

Zorn packte den Heimatdichter, er erhob sich spontan und rief mitten in die Lesung des Gastes aus München „Alles schon g'schrebb". Schlagfertig konterte Hugo Hartung, an

Zwischenrufer gewohnt: „Grüß dich, Kollege, vielen Dank auch!" Wahrscheinlich haben das freundliche „Grüß dich" und „Kollege" den Erbosten besänftigt. In Apoll kehrten Eintracht und Frieden wieder ein.

Ungeschoren vom sporadischen Überfall kam auch die Gräfin Xenia von Falkenstein nicht davon. Die Neubürgerin, eine aus dem Osten, vertrieben von Haus und Gut, hatte in Lautern die von Stand und Herkunft entfernte, aber sichere Existenz gefunden in der „Dohna"-Reinigung. Dort stand sie fest mit beiden Beinen auf dem Boden der rauhen, neuen Wirklichkeit, steuerte den Kombi zur Kundschaft im Umland, um abends musische Bedürfnisse zu stillen, Literatur - vor allem Musik ihr Steckenpferd. Daß sie fest im Sattel saß, bewies die für einen Arbeiter-Wochenlohn um 85,--DM erstandene Schallplatte, eine der erst geprägten, bespielt von David Oistrach, dem russischen Geiger von internationalem Rang. Die Première fand im Freundeskreis statt, im „Salon", wohin sich auch der, die „als Dame von Welt" verehrende Max Braun-Rühling begab. Sehr behutsam wurde die Nadel aufgesetzt, das Konzert erklang, unglücklicherweise nur einen halben Satz lang. Mag dem passionierten Kaffeetrinker der servierte Tee nicht geschmacket haben - unwirsch kommentierte der Gast im Silberhaar: „D e s Stück hab' ich viel besser gespielt! Der hat jo keinen klassischen Strich!"
Anderntags stichelte der Spötter vom Dienst - Hansgeorg Baßler in der Pfälzischen Volkszeitung: „Da ging Oistrach baden". Es blieb aber auch nichts, was unserem Maxi galt, der Allgemeinheit verloren.

Ein schöner Ostersonntag

Nach ungezählten Kaffeetassen an Frau Martha-Lydias gastfreundlichem Tische, war nach Jahr und Tag in der Weckenmühl Nr. 2 eine festliche Gegenladung fällig. Nicht ohne Frau Gemahlin, die im vorigen Jahrhundert als Philippine Klein aus begütertem Hause den Eisenbahner im mittleren gehobenen Dienst Max Braun geehlicht hatte. Diesem hatte es nicht allein die stolze Mitgift an Immobilien und sonstige beweglicher Habe angetan, auch ihre rührende Hingabe, ihren unerschütterlichen Glauben an die große Zukunft des eheherrlichen Talentes in Prosa und Poesie, häufig ihr gewidmet. Für uns, die Jahrzehnte jüngeren Nachgeborenen, in Lautern Hereingeschmeckten war sie das „Euphrosynchen", weiblicher Vorname aus der Antike; ihr entsprachen die flußlangen Gewänder, die Spitzenhandschuhe, die Rüschen und Fältchen, das niedliche Hütchen, silbernes Kopfhaar verdeckend.

Wir speisten, selbst acht, am großen Eßtisch, trugen auf, was das Portemonnaie und die Küche hergaben, kredenzten Pfälzer Wein - schließlich war Ostern auferstanden. Gastgeber und Ehrengast führten Fachgespräche über die Schienenwege - beider Brötchengeber. Dem Früh-Pensionär Braun-Rühling fiel fast das Essen aus dem Mund angesichts fortgeschrittener Techniken im Eisenbahn-Wesen. Höchste Zeit das sachliche Thema zu wechseln und seinerseits dem Gipfel der Tisch-Gespräche zuzueilen. Auf epischer Breite, kein noch so makabres Detail vermeidend, berichtete der Chronist von der letzten in Lautern stattgefundenen Hinrichtung, an der er selbstredend teilgenommen hatte und Augenzeuge der Zuckungen des Deliquenten am Galgen gewesen war. Den Kindern fiel der Löffel aus der Hand, nichts schmeckte mehr. Das Grinsen war ihnen vergangen. In die Totenstille röchelte Frau Gemahlin, beklemmend realistisch „Och-Och-Och" als sei es ihr eigener Todesatem. Bald darauf nahm sie Täschchen und Handschuh, wandte sich, ansonsten schweigsam und geduldig - an den Eheherrn mit dem vom Stuhl reißenden Gebot: „Babba - zahlen - wir gehn!" So gingen sie - ein Harmonie-verklärtes Paar, Inkarnation der Stadtgeschichte.

Euphrosyn'ches öffentlich gewordenes Erscheinen vollzog sich in der Eisenbahnstraße 62. Im Hause rumorten zur frühen Morgenstund - bekanntlich Gold im Mund - die Handwerker. Es hämmerte, krachte, polterte. Aus dem Morgenschlummer unsanft aufgeweckt, trat Euphrasyne im langen Nachtgewande, die sonst so sorgfältig verheimlichte Kopfhaar-Prothese - die silberne Perücke in der Hand, auf den obersten Treppenabsatz. Ihm näherte sich der Lehrbub, blickte ahnungslos nach oben, sichtete Nachthemd und Perücke, schrie durchdringend „ein

Gespenst". Der „Speiseimer" polterte über die Stufen, der Bub rannte - gellend schreiend aus dem Hause, verfolgt von bestürzten Passanten - rettete sich ausgerechnet ins eben geöffnete Finanzamt. Das „Gespenst" hatte ein Nachspiel. Hausbesitzer, Auftraggeber, Dichter Max Braun-Rühling forderte Wiedergutmachung seiner so gespenstisch beleidigten Gattin - eine Dame, die zu respektieren sei, auch vom unbedarften Lehrling. Dem Handwerksmeister wurde Kürzung der Rechnung angedroht. Wahrscheinlich kam der stets Streitbare nicht damit durch. Aber in diesem Falle wurde unser zu Euphrosynchen umgetauftes Original doch noch der Bedeutung ihres antiken Namens gerecht - „Frohsinn" hatte sie draußen und drinnen verbreitet. Selten wurde auf dem Trottoir so gelacht.

„In vino veritas est"

blies Wind ins Glas der Weinbruderschaft zu Neustadt. Leopold Reitz stürmte nur allzugern gegen den „Bruder in Apoll" aus Kaiserslautern an. So auch anläßlich eines herausragenden runden Geburtstages. Als Gratulant war sein insgeheimer Konkurrent aus Lautern - wie alljährlich in den Saalbau gekommen. Seine Erscheinung reizte den Jubilar. Nach langen aufgeheizten Reden und Vorträgen protzte der bejahrte Jubilar in vino „Na Max - so was stellt Ihr in de Hinnerpalz doch nicht auf die Bein!" „Hinnerpalz - der Dolchstoß ins Herz des Lauterers - mit flammenden Augen schlug Max zurück: „Ihr Vorderpfälzer schreibt und redet doch nur, wenn ihr volltrunken seid, wir leisten was, wenn wir nüchtern sind". Das war's. Der Weinbruder aus dem Westrich ließ das Glas stehen, nahm die bekannte Manuskriptentasche, eilte schnurstracks zum Bahnhof. Von Neustadt und der Bruderschaft hatte er die Nase voll.

Auf zum Trifels!

Der Trifels-Berg und Burg riefen den Bewahrer ihrer Geschichte. Unbeugsam, wie der sonst liebenswürdige Mann auch sein konnte, zerstreute Maxi die Bedenken der fürsorglichen Frau Martha-Lydia. Mit einem Proviant, der für die Besteigung des Nanga Parbat gereicht hätte - belegte Brote,

Schokolade, zwei Thermosflaschen starken Kaffees, machten sich der hoch in den Achtziger „Jugendlich"-Beschwingte und Klein-Eckermann auf die Reise. Die erste Etappe mit der Eisenbahn nach Annweiler, wo der Herbsttag die Augen aufschlug. Die Vormittagsstunden räkelten sich in Straßen und Gassen wie nach einem gesunden Schlaf, nach dem sich der Mensch auf's kräftige Frühstück freut. Das ungleiche Paar aus der Barbarossastadt nahm es in der Kaffeestube am Fuß des Waldmassivs ein. Frau Wirtin besorgt um den Hochbetragten, mischte sich freundlich ins Gespräch ein: „Wenn es Ihnen nicht eilt, dann können Sie bequem mit dem Kleinbus hinauffahren; das strengt Sie nicht so sehr an Herr Braun-Rühling". Also auch hier - in dieser Ecke kennt man mich, empfand der frühe Gast geschmeichelt. „Zum Trifels", liebe Frau Wirtin, „will ich hinauf wandern und nicht gefahren sein. Heut' bin ich gut beim Zeug!" Er zahlte die Zeche, nahm Stock, Hut, Reisetasche und schritt von dannen. Zielstrebig nahm der Wanderer den kürzeren, den steilen Aufgang unter die Füße. Das Geheimnis des Waldes tat sich auf mit allen Prächten und Mächten der Baumriesen, einst Schutz und Trotz vor dem Feind.

In den Hecken hingen noch späte Wildfrüchte, so süß und saftig, daß der Eckermann weniger elegisch gestimmt, öfters naschte. Dem Pilgersmann, in Gedanken versunken, gefiel des nicht. „Du mußt wissen", wandte er sich zum Begleiter, „dieser Weg zum Trifels ist meine Heimkehr. Hier hat alles seinen Anfang genommen, der Trifels hat es mir angetan. Seine stolze Geschichte, seine große Zeit, als der Salier Kaiser Konrad II. die Holzburg zwischen Felsen errichtete und 30 Jahre später die Reichsinsignien im kaiserlichen Horst - in der Reichsschatzkammer einbrachte". Eingedenk der Ermahnungen von Martha Lydia achtete Eckermann besorgt auf Schritt und Tritt des alten Mannes. Um Gottes willen! Ja nicht stürzen über Stock und Stein, sie wären beide verloren gewesen in dieser Höhe, in der Einsamkeit des Forstes und der Felsen. Erleichterung für den Pilgersmann, irgendwie mitgenommen, aber auch hungrig wie ein „Steinklopfer" bot die endlich erreichte Bank, wohlverdiente Rast und üppiges Picknick. Der Proviant schmolz dahin, die Thermosflaschen leerten sich. An Leib und Seel gestärkt, von der Mittagssonne eingelullt, drängte

es den „Heimgekehrten" nach Alleinsein. Während Eckermann die letzte Etappe des Aufstieges zögernd unternahm, die Grüße des Dichters von „Nibelungenland" im Kreuzgewölbe zu entrichten, hielt Max Braun-Rühling, der so gerne in der Lauterer Stiftskirche gepredigt hätte, den Bäumen, den Vögeln im Gezweig, den Steinbrocken eine Andacht, die alles an Tragik, Größe, deutschem Schicksal dieser Stätte beinhaltete. Was an Reichsfesten, Freuden und Leiden hier gegenwärtig wurde aus dem Gedächtnis eines Mannes, der einem Ruf gefolgt war, die leeren Nischen, die kahlen Mauern zu beleben mit großer Vergangenheit, zu berichten für die Nachwelt. Der Abschied von diesem erhabenen, geschichtsträchtigen Ort fiel dem Pilgersmann schwer. Ahnte er, daß Höhepunkte in seinem hohen Alter sich nicht wiederholen? Es war eine Unruhe in mir, gestand er, zu lange war ich nicht mehr heraufgekommen. Doch jetzt ist es gut so. Ich sehe, die neue Zeit hält den Trifels in Ehren.
Nahezu leichtfüßig ging's bergab. An den Schloßäckern, vor der Waldschenke lärmten Jubel und Trubel, abseits ordnete sich eine Schulklasse vor dem Omnibus ein. Die Lehrerin mußte angesichts des ungleichen Paares einen siebten Sinn gehabt, den sichtlich abgekämpften alten Mann erkannt haben, sie lud die Beiden zur Mitfahrt bis Landau ein.

Die Geste krönte den heroischen Tag - wohlgefällig schlürfte Max Braun-Rühling seinen Bekanntheitsgrad wie Nektar, genoß die Gesellschaft der Schulkinder, zur Ruhe ermahnt, in vollen Zügen, schlummerte sanft hinüber in wohltätigen Schlaf. Der kühle Abendwind auf dem Bahnsteig in Landau riß den Heimfahrer hart aus allen Träumen. Der Anschluß nach Kaiserslautern war nur noch ein Klacks im Abenteuer. Er - der alte Mann, hatte es „Eins mit Stern" bestanden. Nicht so „Klein Eckermann". Vollkommen überzeugt von eigener Tatkraft und Hochleistung schallte es durchs Dichterhaus „Martha mach' Kaffee - Es ist ganz erschöpft!! „Es" hatte sein Fett weg.

Zur letzten irdischen Feier des nunmehr 93-jährigen Poeten fanden sich die engsten Freunde der Künstlerfamilie in der Friedhofskapelle ein, die Trauer und der Abschied von einem Idealisten des Jahrhunderts stand ihnen im Gesicht. Sein

Wunsch, zwischen Pfaff-Hügel und Paul-Münch-Grab zur ewigen Ruhe einzugehen, war erfüllt. So gehört er, der die Heimatstadt liebte wie kein anderer vor und nach ihm zu den großen Geistern. Was sich nach seinem Tod am Jahresende 1967 - an Nachrufen, Erinnerungen, an alten und neueren Rezensionen seines Schrifttums sammeln ließe, müßte in einer vielseitigen Biographie zu Buche schlagen. Doch auch ohne dieses Bemühen bleibt Max Braun-Rühling, „unser Maxi" unverblichen lebendig, solange einer noch existiert, der ihn, den Schaffer am Schreibtisch, erlebt hat.

Der Tod hat das Dichterhaus in der Eisenbahnstraße 62 aufgelassen. Die liebenswerte Frau Martha-Lydia ist als letzte ausgezogen. Ihrer Treue und Umsicht ist ein begehrter Nachlaß zu verdanken. Daß sich die Bürger darum rissen wie um Reliquien, windet den Lorbeerkranz um den „Alten Mann" Lauterns Gerhart Hauptmann.

GERT FRIDERICH

Tag im November

Kühl auf braunem Ackerboden
nistet rauher Rabenschrei
und mit großen weichen Schritten
geht ein schmaler Mond vorbei.

Frauen legen blasse Kränze
auf die Gräber vor der Stadt.
Durch Alleen gehen Stimmen,
die der Wind verloren hat.

Milder Schein in warmer Stube,
Äpfel duften süß und schwer
und die alten trauten Gassen
sind verlassen, eng und leer.

Lachen heller Kinderspiele
schläft schon früh am Ofen ein-
Trost ist nur in alten Büchern
und in einem Glase Wein.

RUTH ISTOCK

Geschichten um Tante Milena

Musik im Freien

Tante Milena hat mich zu einem Sommerkonzert verführt. „Du könntest mich fahren", hat sie gesagt, „dann lad ich dich ein."

Auf der Burg Wilenstein musizieren die SAITENSPINNER. Der Abendhimmel wölbt sich über uns wolkenlos. Die rostroten Buckelquader halten das letzte Sonnenlicht fest.

Für die Zuhörer ein Glück: keine Mauersegler mit schrillem Geschrei unterwegs. Nur Schwalben. Die jagen stumm und zeichnen irreguläre Linien ins Licht.

Neben alten Handwerkerliedern haben die Musikanten den Herrn von Ribbeck auf Ribbeck im Programm. Ich erwarte die Vertonung nicht ohne Skepsis, aber sie paßt. Sie klingt balladesk, ein bißchen nach Moritat, obwohl es ja nur um Birnen geht. Hübsch parodieren sie den Büdnergesang „Jesus meine Zuversicht." - Tante Milena nickt, und auch der alte Fontane hätte an dem Lied seine Freude gehabt.

In der Pause gibt es Ritterknochen. Das ist ein heißes Gebäck. Dunkler Brötchenteig mit kleinen Rosinen aus Schinkenspeck. Die Form erinnert an Beißknochen für Hundekinder. Wir trinken kühlen Riesling dazu, und zwischendurch heben wir die Nasen zu den würzig duftenden Kiefern empor.

Nach der Pause ist das alte Gemäuer von Fackeln erhellt. Die SAITENSPINNER sind inzwischen auf Hillbillies umgestiegen. Und der Wilensteinerhof meldet sich mit kräftigem Stallgeruch.

Wenn ich in der Zentralbibliothek zu tun habe, hole ich Tante Milena fast immer zu einem Spaziergang ab. Am schönsten ist es auf dem Universitätsgelände Anfang Mai. Da sind noch nicht viele Studenten da, aber die Frösche quaken, und der rote Ginster schickt eine orientalische Duftwolke über den Weg.

Morgens ist auch Karnickel-Treff. Die Tiere sitzen am Hauptweg und mümmeln noch rasch ein paar Löwenzahnblätter, bevor sie ins Unterholz fliehn.

Meine Tante sucht eine sonnige Bank, sie nimmt bei den Goldfischen Platz. Von den Passanten hören wir Spanisch und ein absolut fremdes Idiom. Milena tippt auf Arabisch und bedauert die Armen, die drei deutsche Artikel lernen müssen und von den starken Verben das Perfekt und Imperfekt. Ich finde, daß Quantenmechanik oder Varianz-Analysen schwieriger sind. Natürlich verstehe ich gar nicht, was ich da sage, ich blättere bloß im Vorlesungsverzeichnis, welches ein Student am Goldfischteich liegenließ.

„Die jungen Leute sind friedlich geworden, findest du nicht?" - Es stimmt. Sie schlendern lässig in kleinen Gruppen vorüber. Eine Mutter hat ihr Baby wie eine Aktentasche unter den Arm geklemmt. Niemand ballt eine Faust, und nirgendwo lese ich, wie vor 25 Jahren, daß man die Bullen totschlagen müsse. Es dürfte aber Studienabbrüche, Frust und Intrigen geben; eine Idylle ist das hier nicht.

Tante Milena wird von einem graubärtigen Herrn begrüßt: ihr Nachbar, Professor Ell. Er fragt, ob sie in diesem Jahr wieder mitfahren möchte. - „Zu den Nachtigallen?" Sie dankt und redet von Hexenschuß.

Ich blicke erstaunt, denn sie ist ganz gesund. Später klärt sie mich auf: „Er hat ein Tonbandgerät dabei. Damit lockt er sie an. Die Nachtigall denkt, sie muß ihr Revier verteidigen. Sie kommt immer näher und schluchzt und singt. Sie schmettert sich fast die Seele aus dem Leib. Es ist ein ungleicher Kampf, weil das

Tonband nicht müde wird."

Die Frösche quaken fortissimo, der Ginster schäumt, eine Goldammer turnt im Geäst. Drüben läuft Manfred. Er winkt, er hat keine Zeit. Sein Arbeitsplatz ist das Rechenzentrum. „Was machen sie dort?" „Sie haben 2000 Rechner am Netz. Und wenn alle arbeiten, führen sie in zwei Sekunden 14 Milliarden Rechnung aus."

Nach einer längeren Pause blickt Tante Milena auf. „So ein Frosch sagt in zwei Sekunden nur einmal Quak. Aber er kann mit seiner Froschfrau millionenfach Kaulquappen basteln. Da kommt der Computer nicht mit."

Die neuen Nachbarn

In Tante Milenas Straße sind neue Nachbarn eingezogen, eine nette junge Familie mit zwei Kindern und Hund.

Die Zwillinge haben direkt am Zaun einen Spielplatz bekommen. Den Sand schmeißen sie gern in die Luft. Er fällt auch auf Tante Milenas Salat. Beschwert hat sie sich erst, als sie über einem Kieselstein ausgerutscht ist und im Knie einen Bluterguß hatte.

Mit den Kindern wurde geschimpft. Sie haben alle Steine säuberlich auflesen müssen. Gegen den Sand hängte Tante Milena noch eine Bastmatte hin.

Der Hund ist ein Pudel und heißt Napoleon. Abends, wenn niemand mehr Lust hat, ihn auszuführen, wird er in den Garten geschickt. Für große Geschäfte kommt er zu Tante Milena herüber, er ist sehr rein. Und über das Mäuerchen springt es sich leicht.

Zuerst hat sie wieder geschwiegen. Aber dann konnte sie ihre Petersilie nicht mehr verwenden, weil da ein Häufchen lag. Das hat sie denn doch den Nachbarn gemeldet. Die wollten nicht glauben, daß es Napoleon war.
Meine Tante ist eine praktische Frau. Sie ärgerte sich nicht

länger als 24 Stunden, dann schlug sie neben dem Mäuerchen Pfosten ein und spannte von einem Ende zum anderen Hühnerdraht. Der Pudel muß einen Durchschlupf gefunden haben. Er wurde schon am nächsten Abend um neun unter den Johannisbeersträuchern erwischt.

Ich riet der armen Milena, die Hundewurst in den Briefkasten der Nachbarn zu werfen. Aber so etwas macht sie natürlich nicht. Immerhin schaufelte sie das corpus delicti in eine Plastiktüte und hängte dieselbe an den Zaun.

Wer nun glaubt, die Sache hätte irgendwann beim Kadi geendet, der irrt. Die Nachbarn sind wirklich nett, sie hatten nur vorher kein Haus mit Garten und Nachbarschaft. Vor wenigen Tagen haben sie ihren Kindern direkt unterm Küchenfenster einen neuen Sandkasten gebaut und den alten umfunktioniert. Napoleon, dieser kluge Hund, hat verstanden, daß er hier seine Geschäfte verrichten soll.

Tante Milena war auch zur Gartenparty geladen, und obwohl sie sich nichts aus Grillwürstchen macht, aß sie zwei Stück.

Der Meistertrainer

Tante Milena mit Zeitung und Schere am Küchentisch. Was schneidet sie aus? „Ein Feldkamp-Foto, das siehst du doch!" Ohne Lesebrille seh ich es nicht. Ich bin auch verwundert, denn der Mann ist doch schon lange nicht mehr im Dienst. „Und ob der im Dienst ist! Mit seinen Türken war er drei Wochen auf Deutschland-Tournee, Freundschaftsspiele, verstehst du, und nirgends ist was passiert." Das ist ja sehr schön. Und wer hat in Kaiserslautern gesiegt? - Die Roten Teufel, so so! Hat ihn das nun geärgert oder gefreut?

Auf diese komplizierte Frage kann auch Tante Milena mir keine Antwort geben. Wer weiß schon, wem Kallis Herz gehört. Aber sie streicht das Foto liebevoll glatt, und ich stimme ihr zu: diese Lockenpracht über der gefurchten Stirn, und vor allem der Feldherrnblick!

Von Fußball verstehe ich nichts. Aber eine Mannschaft bei der Stange zu halten, das hab ich als Lehrerin oft versucht. Wie bringt er Ballathleten, Egozentriker, Mimosen zusammen? Wie brachte er vor Jahren die Roten Teufel zur Meisterschaft?

Übel hat man's dem Volkshelden angekreidet, daß er sie später verließ. Lebt wie ein Pascha am Bosporus, mit Riesenwohnung und Dienerschaft! Trainiert eine türkische Mannschaft und wird in Istanbul abgeküßt!

Persönlich war ich bereit, Kalli Feldkamp den Luxus zu gönnen. Die Pfalz hat nun mal kein Marmarameer. Aber dann kamen die falschen Töne beim UEFA-Cup-Spiel. Als die Frankfurter bei Galatasaray rausgeflogen waren, soll Kalli gesagt haben, es sei nur der erste deutsche Verein. Das war auch eine Drohgebärde des Königs vom Bosporus gegen die tapferen Recken vom Betzenberg. Eine antike Tragödie zeichnete sich am Horizont ab. Aber dann verlor Galatasaray in Rom, und die Roten Teufel verloren in Amsterdam, das Schicksal pochte nicht an die Tür. Statt dessen nun dieses Freundschaftsspiel.

Tante Milena streicht noch immer den Ausschnitt glatt. „Schade, daß Zeitungsbilder so läppisch sind. Hätte ich von Kalli ein schönes Foto, womöglich signiert, käme es in den silbernen Wechselrahmen. Mimi ist ja nun schon sehr lange tot."

Mimi, die gräßliche Perserkatze! - Ich werde für Tante Milena ein Feldkamp-Foto besorgen, um beinahe jeden Preis.

GERD KANNEGIESER

Entschluß, endgültiger

Es war kühl; ihn fröstelte; und er wußte, daß es kühl war. Es war so kühl, daß es ihn etwas aufrüttelte; sein Frösteln rüttelte ihn auf. Er wußte es. Er wußte, daß sein Frösteln ihn aufrüttelte; es war kühle Überlegung.

Er rauchte. Er beobachtete fahrende Autos durch das Fenster. Er dachte: Es ist kühl, ich rauche, ich beobachte fahrende Autos durch das Fenster und ich habe Zeit dazu.

Eine Frau schob einen Kinderwagen, wollte die Straßenseite wechseln, blieb am Bordstein stehen. Die Straße war stark befahren, ein Ende der Autoschlange nicht in Sicht. Sie sah ihn am Fenster, an seinem vorhanglosen Fenster. Er wich ihrem Blick nicht aus, blies Rauch gegen die Scheibe. Sie zog dem Kind die Decke zurecht, zupfte sie nach rechts, dann, etwas schwächer, nach links. Ihr zweiter Blick nach oben war flüchtiger, sollte flüchtiger wirken, schien die Hauswand gedankenlos abzutasten, blieb nur einen Moment länger am Fenster hängen. Er beobachtete sie noch.

Er war 58 und nie verheiratet. So reichte die kleine Wohnung. Besucherinnen oder Besucher waren nie hier. Der Schornsteinfeger zur Abgasmessung, der Stromableser, beide einmal jährlich, waren die einzigen und das Lesen seine Leidenschaft.

Er brauchte nie ein Buch nochmals zu lesen. Sein Gedächtnis war ein Phänomen, ebenso wie seine Beobachtungsgabe; das wußten alle, die beruflich mit ihm zu tun hatten. Er arbeitete im Archiv und in der Registratur, auch das war außergewöhnlich und die einzigartige Verknüpfung beider Abteilungen in dieser Filiale wohl nur auf seine Person zurückzuführen.

Der Spitzname, den ihm ein Kollege, der schon lange tot war, gegeben hatte, haftete ihm an wie eine Klette; besonders die jüngeren Mitarbeiter tuschelten ihn ehrfurchtsvoll: Der Keller-Sherlok. Geld hatte er nur für Bücher gebraucht; da war immer genügend übrig.

Endlich hielt ein Wagen. Einer muß den Anfang machen. Als sie sich durch ein Kopfnicken bedankte und die Fahrbahn betrat, geriet auch die Gegenspur ins Stocken. „Haben Sie eine Ahnung, wo...?" Dieser Satz des Chefs, wenn er nach unten kam, um sich persönlich um eine Angelegenheit zu kümmern, dieser Satz war im Laufe der Jahre ebenso zur anerkennend belächelten Institution geworden wie seine immer gleiche Antwort: Ich habe keine Ahnungen, Herr Meinhardt, ich weiß. Dann hatte er jeweils den großen Schlüsselbund vom Brett genommen, hatte die Stahltüren, die ihn immer an Heizungskeller erinnerten, aufgeschlossen. Der Chef lief fast unterwürfig - manchmal hatte er sogar den Eindruck, er genoß diese Gänge, seine Unterwürfigkeit, um sich vielleicht so selbst zu zeigen, daß seine Filiale bestens organisiert war - hinterher, wie ein Schoßhund, seinem Wissen folgend, seiner Erfahrung, die ohne einen Irrtum zuzulassen, unbeirrt ihren Weg durch die 97 Regalreihen mit insgesamt 679 Einzelelementen fand und zielstrebig eines der 6111 Fächern auswählte. Dort glitt sein Finger dann, begleitet von seinem brilligen Blick an den farbigen Reitern entlang, bis ihm seine Erinnerung die Bremse zog.

Er irrte sich nie, das war das Gesetz des Kellers; seine Arbeit war ihm lieb und 32 Jahre kein Pappenstiel. Er bemerkte, daß er zitterte, zog den Reißverschluß seiner Strickjacke hoch. Sie mußte den Kinderwagen zuerst nach unten drücken, damit die vorderen Räder angehoben, auf dem Gehweg Halt fanden. Der freundliche Wagen war schon wieder losgefahren; nur die Gegenspur stand noch still, bis die Frau auch die Hinterräder angehoben, selbst die Fahrbahn verlassen hatte. Erst jetzt konnte der Verkehr wieder seinen normalen Gang nehmen.

Und da konnten sie einstellen, versetzen oder befördern; wen sie wollten. So würde es nie mehr sein. Seine Klasse war seine Klasse. Besser ging nicht. Schlechter würde teurer sein.

Sie war geschickt und routiniert, das Kind würde den Wagen bald nicht mehr brauchen. Sie lief nun ein Stück in die entgegengesetzte Richtung, blieb noch einmal stehen, kramte in ihrer Handtasche, überprüfte ihr Gesicht. Der Spiegel stand falsch. Er blickte bewußt hinein. Sie kramte erneut in ihrer Tasche, lief weiter. Er drückte die Zigarette aus und überlegte, ob er sich einen Tee kochen sollte.

Daß er auch nur einen Tag fehlte, war undenkbar. Er war nie krank und montags der erste im Haus. Worauf sollte er auch sich freuen. Seine Bücher konnten warten und sich auf ihn verlassen; die acht Stunden lasteten ihn nicht aus. Seiner Arbeitsstelle war er noch nie ferngeblieben, nicht für fünf Minuten. Nun würden sie ihm kündigen. Er wußte, was er wußte.

Anfangs plagte ihn sein Gewissen; oder das, was er für sein Gewissen hielt, was er sein Gewissen nannte; er wußte aber, es war wohl nur die Gewohnheit: Anfangs also plagte ihn die Gewohnheit - er vermißte jedoch niemanden. Was er vermißte, war der Tagesablauf, der festgelegte; es bedurfte einiger Zeit, um ihn bewußt abzuschütteln, und er war selbst, nachdem er anfänglich diese Schwierigkeiten hatte, verwundert darüber, daß zwei Wochen völlig ausreichend waren. Er jedenfalls war über den Berg.

Jetzt schien es ihm, als habe er keine Gewohnheit mehr; nur noch Bücher. Sie hatten ihn falsch behandelt; falsch behandelt und falsch eingeschätzt. Nein; er war nicht zu empfindlich. Umstellung auf EDV, das war die Anweisung, und er sollte dabei helfen. Ein junger Mann kam mit allerlei Papieren und Geräten: Nun erzählen Sie mal!

Seit drei Wochen war er nun an seiner Arbeitsstelle ohne Vorwarnung nicht mehr erschienen. Sie würden ihn entlassen. Die Kontrolle über seinen Briefkasten blieb ihm. Es klingelte. Er entschloß sich, keinen Tee zu trinken, legte sich auf die Couch. Er fröstelte. Es klingelte erneut. Er nahm sich ein Buch und dachte, daß es Zeit würde, die Heizung anzustellen.

HERBERT ROTHLÄNDER

Der Himmel ist überall

Langsam erlischt das Fernweh. Fremde Schönheit, Meere und weiße Berge haben das Leben bereichert und sind unvergessen. Was hält mich jetzt zurück? Ist es Schwäche oder Stärke, was mich so sehr an die Heimat bindet, daß ich aller Versuchung widerstehe? Ist es die Erkenntnis, daß unsere Berge, die nicht in den Himmel ragen, und unsere Quellen, die nur zu schmalen Bächen und kleinen Weihern werden, die Schönheit ebenso in sich tragen? Mögen Menschen weiterhin die Natur"wunder" auf fernen Kontinenten suchen und das Ungewöhnliche in den Museen bestaunen, mir fällt es leicht, mich zu bescheiden, denn mein Herz will mehr nicht fassen.

Diese Landschaft hat mich geprägt: der Garten hinter dem Elternhaus, die Wiese dort, mit ihren winzigen Blumen, den Käfern und Eidechsen, die sich auf dem roten Sandstein sonnen. Was kümmerte uns die übrige Welt! Hier habe ich mit den Nachbarskindern die unbeschwerte Zeit meines Lebens verbracht. Jede Jahreszeit haben wir bis tief in unseren kleinen, empfindsamen Seelen erlebt, und der Zauber des Oster- und des Pfingstfestes, der Sommerferien und der Zeit „zwischen den Jahren" war so übermächtig, daß er noch heute fast unverändert wirkt. Zufrieden bin ich, daß ich in der Provinz lebe, und wegen mir mußte Kaiserslautern nicht Großstadt werden. Ich habe nie gefordert; ich war für jede Freude dankbar, die mir das Leben ließ. Ich war so reich, daß ich selber anbieten konnte: meine Liebe, dem Lautern meiner Jugendzeit.

Man kann die historische Entwicklung der Stadt studieren, man kann sich auch in ihre fast bedeutungslosen, kleinen Schmuckstücke verlieben; manche können, wenn sie die Augen schließen, sehen, wie an Stelle des Rathauses die Schloßkaserne wiederersteht, der Maxplatz mit seinen Bäumen und mit seinem Brunnen und ich weiß, daß der DKW, der vor unserem alten Schulhaus stand, nicht anspringen konnte, wenn sein Auspuff mit Papier zugestopft war. Erinnerungen sind wie Perlen, die in der Nacht reifen und am Tag nur hinter einem Schleier ihre Anmut zeigen, die zum Träumen weckt.

In den Wäldern und an ihren Woogen teilte ich die Lust am Leben mit dem stillen Wanderer und all die unscheinbaren Pflanzen und Tiere sind für jeden, der aufmerksam ist, Zeichen der Nähe Gottes. Eigentlich sind die Gedanken, die Jahre später in der heißen Sommerluft, inmitten der gelben Kornfelder des Rothenbergs entstanden, gar nicht meine ganz eigenen Gedanken. Himmel und Erde waren immer zum Dialog bereit, ließen Ideen und das Empfinden eines fast überwältigenden Glückes als Geschenk zurück.

Die Hinwendung zur Natur lockerte die Bindung an die Menschen. Die Erde wollte ich mit den Sinnen erleben und den Verstand nur dort gebrauchen, wo er im menschlichen Alltag erforderlich ist oder wo er unsere Lebensfreude, das Schönste, nach was man streben kann, zu intensivieren vermag. Nur das ist wichtig, was bis in die tiefste Seele dringt und für jeden ist das wahr, was er empfindet.

Das Gefühl, daß man die Natur erahnen kann, ist mehr als der Glaube, daß man sie kenne. Unsere Gedanken sind rätselhafte Phänomene. Sie verschwimmen, wenn man sie genau betrachtet, wie die Bilder der klassischen Physik und sind nur dem Universum treu. Sie sind vielleicht gekrümmt und sind dem Gesetz unterworfen, dem alle Energie unterliegt. Wie das „sichtbare Licht" scheinen mir Bewußtsein und Verstand Ausschnitte aus einem endlosen Kontinuum zu sein.

Für das menschliche Gehirn ist die wichtigste Aufgabe, uns den Platz zu erhalten, den wir bei der Evolution eingenommen haben. Wie der Vogel nicht mehr auf seine Flügel verzichten kann, so kommt der Mensch jetzt nicht mehr ohne sein Gehirn aus. Ein Verdienst unseres Geistes, der eine Funktion des Gehirns ist, mit dem er entsteht, reift und vergeht, ist unsere Zivilisation. Wir streben danach, die Welt zu nutzen und überschaubar zu machen, und suchen nach der Ordnung, die zu einem uns verständlichen System paßt.

Weil wir dazu erzogen wurden, die Welt mit unserem Geist zu begreifen und zu beurteilen, ist unser Weltbild einseitig. Geist kommt sonst in der Natur nicht vor. Auch die „Weisheit" Gottes ist nicht von der Art menschlichen Verstandes. Wir kommen Gott über unsere Philosophien nicht näher, so wenig wie die Lerche, wenn sie zum „Himmel" steigt.

Der Mensch und jede andere Kreatur auch sind wie ungleiche Spiegel, von denen jeder auf seine Art reflektiert. Jeder berichtet anders von derselben Welt; so blühen auch die Blumen in vielen verschiedenen Farben und Farbtönen.

In seinem Aufbau stellt der menschliche Körper wegen der vielartigen, komplizierten Moleküle einen kleinen Schwerpunkt in seiner Umgebung dar. Könnte man Moleküle so nebeneinandersetzen, wie sie in unserem Körper angeordnet sind, dann müßten sie miteinander reagieren, und es wäre ein lebendiger Mensch entstanden. Der hätte sogar eine Seele, genau wie wir, wenn man die Seele als Summe der Eigenschaften der Materie ansieht. So wäre auch leicht zu verstehen, warum jedes Tier, jede Pflanze, jede Landschaft eine Seele hat. Seelen verändern sich ständig, gehen ineinander über und trennen sich zu neuen Formen und Formationen. Man kann sie einzeln begreifen oder in Systemen, ganz wie ihre sichtbare Begleiterin, die Materie.

Dieser Gedanke ist mir in jungen Jahren gekommen, und er hat mich immer wieder sehr, sehr glücklich und zufrieden gemacht. Er war die Antwort die aus dem Unbekannten kam, wenn ich dem Nebel und dem Moos und dem geschwätzigen Bach meine Fragen und meine Zweifel anvertraute.

Zu der Zeit, da ich die Schule verlassen hatte, war mir die Ansicht, daß der Wille nicht frei sei, noch neu und schien mir absurd. Aber die Gedanken gingen ihre Wege, und immer mehr fühlte ich und verstand, daß es wohl doch so sein muß, daß unser Wille, der scheinbar unserer Kontrolle unterliegt, vorher im Geflecht der grauen Zellen des vegetativ arbeitenden Gehirnes zubereitet („errechnet"!) · wird, ohne daß unser

Bewußtsein daran teilnehmen kann.

Hier stürzt keine Welt ein, wie man meinen könnte. Wer diesen Schritt in seiner Vorstellung zu gehen vermag, wird nie mehr zurück wollen. Die Sehnsucht nach geistigem Erlebnis, der Genuß des Schönen bleiben auch dann erhalten, wenn man überzeugt ist, daß alles nach dem Naturgesetz abläuft. Unsere Zufriedenheit und unser Glück werden dadurch bestimmt, wie es um die Harmonie bestellt ist in uns und zwischen uns und unserer Umgebung.

Wir haben das Empfinden, daß wir *unsere* Meinung äußern; kann es nicht sein, daß die allgegenwärtige Natur es ist, die sich durch uns ausdrückt? Jeder Baum, jedes Unkraut ist Natur und spricht deren Sprache. Gehören nicht auch wir dazu mit unseren Ansichten? Sie sind unterschiedlich, aber keine ist falsch, denn sie kommen alle auf natürliche Art zustande. Weil unsere Gedanken wie das Verhalten der Tiere von der Natur bestimmt werden, verstehen wir sie oft nicht.

Durch die Eigenheit der menschlichen Gesellschaft spielt für die meisten das Denken keine lebenswichtige Rolle mehr und viele verstehen es, ihren Überschuß an Geistes- oder auch an Muskelkraft so zu nutzen, daß sie zusätzliche Erfüllung und Befriedigung finden.

Warum das alles so ist, warum das Vergängliche gerade auf diese Weise vergeht, warum überhaupt Leben entsteht, das nicht bleiben kann, werden wir nie erfahren.

Wie klein war mein erster Gott, den ich den Allmächtigen und den Allwissenden genannt habe, zu dem ich inbrünstig gebetet und von dem ich geglaubt habe, daß er mir zuhöre. Er konnte es nicht. Doch das Wunder geschah: Während er meinem Verstand wegen der vielen Ungereimtheiten, die über ihn geschrieben stehen, ferner und unverständlicher wurde, wurde er immer größer. Jetzt ist er so groß, daß man von nirgendwoher an ihm vorbeidenken oder vorbeibeten kann. „Fremde Götter" gibt es nur für die Menschen, die kein Gefühl für die Größe Gottes haben, der in und über allem ist. Ich möchte ihm lieber singen als zu ihm beten, weil Worte vor ihm den Sinn verlieren. Nietzsche schrieb, sein Gott müsse tanzen können: Alle Vorstellungen haben in seiner Unendlichkeit Platz.

Wenn wir nach unserem Tod Gott näher kommen, dann deshalb, weil keine Gedanken mehr ein begrenztes, „falsches" Bild geben. Unser Geist hat nur zu Lebzeiten Bedeutung, deshalb vergeht er mit unserem Körper. Unmöglich ist uns die Vorstellung von der Größe Gottes, und schwer fällt den meisten die Einsicht um die Winzigkeit und Bedeutungslosigkeit des Menschen. Nur wem diese Einsicht vergönnt ist, versteht, daß wir Gott nicht näher sind als die übrigen Geschöpfe und daß des Menschen Geist nicht unsterblich sein muß.

Anders verhält es sich mit unserer Seele. Sie kann nicht denken und beharrt nicht auf subjektivem Gefühl: Sie ist ein Teil der Welt und deshalb -nach unserer Vorstellung- unvergänglich. „Meine" Seele gibt es nur so lange „mein" Körper lebt. Im Tod geht die Seele zu Gott, dem Unendlichen; wohin sonst sollte sie gehen? Sie wird von ihm so aufgenommen wie der Körper von der Erde. Dann gibt es nicht mehr „meinen" Körper und „meine" Seele, obwohl nichts verlorengegangen ist.

Wenn meine Gedanken einmal unverständlich werden wie Wind und Regen oder wie zügellose Pinselstriche auf einer Leinwand, wenn ich nicht mehr nach dem Sinn aller Qual fragen kann, dann komme ich Gott näher, denn jede Frage, die ich stellte, trieb mich mehr in die Isolation. Wo aber niemand mehr fragen wird, bedarf nichts einer Erklärung.

Wir sind natürlicherweise stolz auf unseren Geist; auch der Pfau ist es auf seine Federn. In jedem Farbtupfen zeigt sich unser Schöpfer, wie in jedem unserer Gedanken. Wie aber sollten wir uns erkennen, wenn wir Gott nicht begreifen können?

Der Himmel ist nicht über uns, er ist überall. Es ist doch nur unser Bewußtsein, das ein paar Jahre lang diesen „Staub" vom Himmel nimmt. Dann geht alles wieder in den ewigen Frieden ein, der uns da aufnehmen wird, wo wir unseren letzten Traum träumen.

GERD FORSTER

Geschult in Kaiserslautern

Wöchentlich einmal sonntags tat sich
der Rittersberg auf für meinen Vater
zu einem bewachten Gang durch die Stadt.
Danach schloß sich wieder der Berg
worin er zum Lehrer geschlagen wurde.
Das ist einer Gedenktafel würdig.

Einmal im Jahr an Mutters Geburtstag
keuchte mein Großvater der Bäcker früh
über die Buckel der Alten Welt auf seinem
frischgeölten Rad im Rucksack einen Hefezopf.
Hielt dann schwitzend vor der Bildungsanstalt
Ausschau nach den bunten Mützen.
Welche Farbe trug die Tochter nun?

Später näherte ich mich dieser Stelle
angetan mit meinem ersten Auto
und legte um das pedantische Sandsteinportal
leuchtende Verse
dem erwarteten Mädchen zu Ehren.

Die Schülerscharen schwollen an.
Damit ich sie leichter erkenne
beschleunigten meine Söhne ihr Wachstum.
Bald waren am Telefon weichere Stimmen
zu hören als die der Spielkameraden.
Die neu verputzten Schulfassaden
sehe ich schon grau werden auf der Netzhaut
meiner ungeborenen Enkel.

SUSANNE FASCHON

SA-Mann Josef R.
(Auszug aus „Eine Karriere im Dritten Reich")

Ich will nicht einfach nur darüber lästern, denn ich bin
überzeugt, daß meinem Vater „die Sache" damals heilig war -
oder doch etwas in dieser Art. Einem katholischen Knabenstift
mit Not-Abitur entronnen, dem I. Weltkrieg erst zum
unrühmlichen Schluß begegnet, vom „Freikorps Memel" wegen
Beendigung der Feindseligkeiten nach Hause geschickt, war er
bisher überallhin zu spät gekommen. Selbst bei einer
Verhaftung während der pfälzischen Separatistenzeit langte es
nicht zum Martyrium: die im Arrestlokal systematisch
verabreichten Prügel begannen rechts von ihm und wurden
exakt bei seinem linken Nebenmann wieder eingestellt. Das
Vaterland tat, als gäbe es ihn nicht.

Man begreift mithin seine Aufregung, als er erfuhr, daß sein
Deutschland, das unverzeihlich lange vor sich hin gedöst hatte,
nunmehr mit Hitlers Hilfe zu erwachen gedenke. Dieses Mal
wollte er nicht verschlafen und trat deshalb zum Jahreswechsel
1931/32 jenem Haufen bei, der die Geschicke des Reiches für
die nächsten tausend Jahre zu bestimmen willens war. Nach der
„Machtergreifung" wurde er sogar „Politischer Leiter", doch
weil sich inzwischen allzu viele Erwachte nach solchen
Funktionen drängten, reichte es für ihn nur noch zum
Hilfsblockwart. Als Äquivalent trat er in die SA ein; der
Sparsame kaufte sich eine Uniform, die man zwölf Jahre später
nur unter Mühen im Waschkessel verbrennen konnte. Aber das
ist eine andere Geschichte.

Vorerst verlieh sie ihm eine imaginäre Macht, er trug sie immer
häufiger, auch außerhalb der Partei-Manege. Meine Mutter
bekam den ehrenvollen Auftrag, auf den sogenannten Spiegel
links und rechts des Uniformkragens je zwei helle Streifen zu
nähen, denn Vater war Rottenführer geworden! Seitens der
Nationalsozialisten bewies man überhaupt beträchtliche

Phantasie bei der Schaffung von Posten und Pöstchen, und eine Organisation wie die SA war in vielfältige Führungspositionen eingeteilt. Ein „Sturm" zum Beispiel wurde von einem Haupt-, Ober- oder auch einfach Sturmführer geleitet, dem Ober-, Unter- oder normale Truppführer dienten. Ihnen unterstanden pyramidenförmig Ober-, Unter- und gewöhnliche Scharführer, die sich ihrerseits auf noch mehr Rottenführer stützten.

Diese wiederum machten ihrem Namen Ehre, indem sie jeweils eine „Rotte" von zwei, höchstens drei Mann unter sich hatten. Zum Glück gab es sogar darunter noch eine Charge mit nur einem Streifen: den SA-Sturmmann, der sich praktisch wohl selbst befehligte. Auf solche Weise waren die Ranglosen in einer Minderzahl, die man vernachlässigen konnte. Die Macht wurde in unzählige Häppchen geteilt und jeder glaubte davon zu kosten, während in Wirklichkeit niemand etwas zu sagen hatte. Dafür war der Führer und Reichskanzler da, den laut eigener und ständiger Bekundung die Vorsehung mit allem erforderlichen Rüstzeug ausgestattet hatte.

Einer seiner geringsten Diener war nun also der Rottenführer Josef R., den man leider bald schon in einen - des großen Andrangs wegen - eiligst gegründeten Unter-Sturm abschob. In diesem „Blindgänger--Sturm", wie der Volksmund ihn hellsichtig nannte, brachte er es als gelernter Finanzbeamter immerhin zum Kassenwart im Range eines Scharführers und ich führte ihm die Beitragslisten.

Ob der Blindgänger-Sturm an der sogenannten Reichskristallnacht beteiligt war, ist mir nicht bekannt. Mein Vater war jedenfalls nicht dabei, dessen bin ich sicher. Überhaupt erlosch die 1932 bei ihm so lustvoll aufgeglommene Begeisterung spätestens am 1. September 1939, bei Kriegsausbruch. Damit hatte er nicht gerechnet, war immer heftig geworden, wenn vor 1933 jemand sagte: „Hitler bedeutet Krieg"...

Josef R. war wieder einmal ahnungslos gewesen; dabei hätte er nur die Bibel der Bewegung, Hitlers „Mein Kampf" gründlich lesen müssen, um im Bilde zu sein. Aber wer tat das schon! Es war also so weit. Hitler hatte den „uns aufgezwungenen Krieg" begonnen, das Radio dröhnte von Sonder- und Siegesmeldungen. Josef trug seine SA-Uniform jetzt nur noch selten, die feldgraue blieb ihm vorerst erspart. Er wurde UK gestellt, was soviel bedeutete wie unabkömmlich, und diente an der „Heimatfront". Tatsächlich läßt sich von ihm sagen, daß er über Jahre weg auf seinem nützlichen Posten als Betriebsprüfer und Steuereintreiber für zwei arbeitete, während er ja doch als Kanonenfutter nur eine einzige armselige Existenz zu bieten gehabt hätte. In den Nächten übernahm er eine Rolle als Luftschutzwart, und als bei einem Fliegerangriff amerikanische Brandbomben das Dach auch unseres Hauses durchschlugen, ließ er das Sofa, auf dem sie gelandet waren, kurzerhand aus dem Fenster werfen.

Der nächste große Angriff auf unsere Stadt mußte dann bereits ohne ihn auskommen, denn der „Heldenklau" ging wieder einmal um und der Steuerfachmann Josef R. war unversehens abkömmlich geworden. Nachdem er die Familie in seiner fränkischen Heimat in relativer Sicherheit wußte, ging er in seiner neuen Rolle als Vaterlandsverteidiger mit lang geübtem Pflichtbewußtsein auf. Leider gab es zu diesem Zeitpunkt schon nicht mehr viel zu verteidigen, so daß Josef R. im April 45 sozusagen mit leeren Händen in amerikanische Gefangenschaft geriet.

Seitens der Sieger   maß man ihm insofern eine gewisse Wichtigkeit bei, als man ihn gezielt in ein eigens für Nazis erdachtes Straflager steckte. Das berüchtigte Schlamm- und Hungerlager Stenay in Frankreich beherbergte ihn für sein nächstes Lebensjahr und er wußte - einsichtig geworden - zu schätzen, daß es nicht auch sein Todesjahr werden sollte. Von alledem wir, seine Familie, natürlich nichts, denn Vater galt als vermißt. Meine Mutter bekam ab Kriegsende keinen Pfennig Gehalt mehr für ihren angetrauten Parteigenossen und wir schlugen uns recht und schlecht durch, indem alles Entbehrliche „verfuggert" wurde.

An einem Maitag dann kam er: die Karikatur eines Mannes, steckendürr, in schwarzer Gefangenenkleidung, auf dem faltigen Hals ein Gesicht, das pausbäckig wirkte - es waren aber nur Hungerödeme. Ich konnte den Blick nicht von ihm lassen, als er da saß und berichtete. Meine Erinnerung rückte den SA-Mann Josef R. an seine Stelle, aber ein tiefes Mitleid wischte ihn wieder weg.

Viele kamen jetzt so wie er. Die Alliierten hatten das bessere Deutschland gerächt, das Deutschland jenseits von SA und Politischer Leitung. Aber war das nicht ein bißchen viel Rache an einem Hilfsblockwart, selbst wenn er zum Kassenwart eines Blindgänger-Sturms aufgestiegen war? Er hätte nicht kleckern sollen. Die geklotzt hatten in diesem mittleren Bereich kamen meist besser davon als er, denn seine Buße war noch längst nicht ausgestanden.

Als Finanzmann verstoßen, trug er in der Folgezeit Zementsäcke, fungierte als Suppenkoch bei einer Baufirma (als der er freilich auch nur die als „Drahtverhau" gekennzeichnete Gemüsesuppe austeilen konnte), hatte ein Himmelfahrtskommando inne als einsamer Nachtwächter in den von Franzosen requirierten Gärten und fiel nach der Währungsreform der Fürsorge-Unterstützung anheim. Fünf Jahre mindestens dauerte es, bis er - zurückgestuft, bemitleidet und belächelt - seine Arbeit als Finanzbeamter wieder aufnehmen konnte.

THEO SCHNEIDER

Die Geburt des Meeres

Ein nie dagewesener Mai
mit mehr Regen als Tagen
schwamm durch das Jahr.

Auf Kirschbäumen verfaulten
die Blüten und Vögel
ersoffen in ihren Nestern.

An die Stelle strömte,
wo das Herz war in
meiner Brust, das Meer.

Gefangen und traurig,
voll trübem Zorn, stiegs
mir den Hals hoch, peitschte

Salz in die Augen,
konnt nicht entkommen
meinem verschlossenen Mund.

Es tobte und schrie,
schlug ans Zwerchfell,
brandete gegen die Rippen,

brach mir endlich die Brust auf,
stürzte brüllend aus meinem Leib:

Versunken und still liegt das Land.

UTA MAYR-FALKENBERG

Zwischen Tag und Dunkel...

Jetzt, zwischen Tag und Dunkel eines warmen Sommertages wirkt der Wald rechts und links der Straße wie eine schwarze Mauer. Der Himmel darüber ist ein graublaues Lichtband, unterbrochen von einem einzelnen Stern, der mir zuzwinkert.

Ich liebe den Weg nach Hause, raus aus der Stadt. Ich kurble das Wagenfenster ganz herunter und atme die frische Luft, die nach Erde und Blättern riecht.

Wie oft bin ich diese Strecke schon gefahren? Als Abschluß eines Tages... Voller Freude... Gedankenschwer... Ein Lied summend... Die Lippen fest aufeinander gebissen... Ein Lächeln im Gesicht... Mit Tränen in den Augen... Den Kopf voller Ideen... Das Herz angefüllt mit Wut... Mit den Fingern den Rhythmus einer Melodie trommelnd... Das Steuerrad voller Enttäuschung fest umklammernd...

Immer ist die Heimfahrt etwas Besonderes, etwas, das ich ganz bewußt lebe. Das Abbiegen von der Bundesstraße; das Kurven die spärlich erleuchteten Serpentinen hinauf; das langsame Fahren durch die Hauptstraße des Ortsteils; wo nur noch in den erleuchteten Gastwirtschaften Leben zu sein scheint; das langsame Rollen vor die Garage neben den großen Rhododendronbüschen, die in der Dunkelheit besonders unverrückbar starr dastehen.

Der Wind trägt das Rauschen der Stadt herauf. Einer Stadt, groß genug, um niemals ganz zu schlafen.

Ist sie lauter geworden in den letzten drei Jahrzehnten, in denen ich ihr Wachsen und Werden verfolgt habe?

Sie ist anders geworden!
Ich denke zurück an einen verregneten, dunklen Spätnachmittag

im November, an eine häßliche graue Innenstadt voller Leute und Autos, an nasse Füße, an meine Verlorenheit und die bange Frage: „Werde ich hier jemals heimisch werden in dieser vom Krieg zerstörten und geschmacklos wieder aufgebauten Stadt? Werde ich Menschen kennenlernen und Freunde finden?"

„Sie heiraten! Wohin gehen Sie?"

„Ich gehe nach Kaiserslautern in die Pfalz!"

„Haben Sie sich das auch gut überlegt?"

Zwischen Gestern und Heute liegt ein Weg zwischen manchen Wänden, die undurchdringlicher und bedrohlicher waren als ein Wald zwischen Tag und Dunkel, zwischen Sommerwind und Rauhreif, zwischen Blütenduft und Abgasen.

Der Abendstern hat Gesellschaft bekommen. Tausendfach funkelt es hell über mir. Für mich Grüße von Gestern für Morgen, Botschaften von jenen, die nicht mehr sind, und die ich gerne hatte.

Falter umfliegen das milde Licht der Hoflampe. Grillen zirpen. Ich lausche in die Nacht.

Es gibt nichts mehr zu überlegen...

HELGA SCHNEIDER

Die Perlekett

's is Mudderdaag. E Blummestrauß.
E schää(n) gedeckter Disch.
De Babbe holt die Zeitung drauß,
jetzt kummt er in die Kich,

in seiner Hand e blooer Brief -
O weh! Vun meiner Schul!
Er macht ne uff, stehnt, schnauft ganz dief,
tret wierisch an de Stuhl.

Fuchsdeiwelswild hot er gekrisch,
die Mamme weer dra(n) schuld,
die hett joo aa kää(n) Zeit fer mich,
kää(n) Finkelche Geduld.

"So! Awwer du!" hot sie geplärrt.
"Bloß Betze, Flipper, Bier!
Un wann de endlich häämkummscht, werd
geglotzt bis morjens vier!"

Enaus schlubb ich, so leis ich kann,
un leej die Perlekett,
wo ich fer sie gebaschdelt hann,
de Mamme uf ehr Bett.

Raawe

's fliejn
Raawe
iwwers Haus
alsfort
Schare vun Raawe.

Sinn's die, wo
-wie mer saat-
an manche Daa
de Barbarossa,
wann er wach werd,
als erausschickt aus seim Berje,
fer nohsegucke,
ob dann der ewisch Zores,
Ob Mord un Dotschlag
in de Welt
net doch
endlich
uffheere kännen?

Raawe,
Raawe,
als noch Raawe,
aarisch
aarisch
viel.

MICHAEL BAUER

Stille um 1900
(Weltliche Meditation über den Josephs-Altar, der in einer Seitenkapelle der Marienkirche steht)

Leise waren die Städte um die Jahrhundertwende. Und die Stille über Kaiserslautern war besonders samten. Als Fritz in der Marienstraße zur Welt kam. Und selbst noch, als der Neunzehnjährige Sonntag für Sonntag mit weißem Stehkragen durch die Anna-, die Moltke-, die Rosenstraße zur Marienkirche ging!

In den Hinterhöfen schnatterten die Gänse, grunzten die Schweine, bellten die Hunde, meckerten die Ziegen. Über das Kopfsteinpflaster ratterten die eisenbereiften Holzräder der Fuhrwerke, gezogen von massigen, schnaubenden Brauerei-Kaltblütern. Alles in die unvorstellbar zarte Qualität der autolosen Stille hinein, welche diese Geräusche einfaßte, einrahmte und mit eigentlichem Schweigen sättigte.

Nur hin und wieder Automobilisten, wichtigtuerisch schon von Ferne mit der Hupe trötend, spuckenden Motors und mit „Aus dem Weg!"-Rufen. Musikvereine. Zusammenschlüsse von Chören zum Zwecke gemeinsamer zeitweiliger Aufhebung der verschwenderisch über der Stadt ausgegossenen Waldluftstille, zum Behufe der Auflockerung des ewigen, göttlichen Schweigens. Zum Lobe Gottes und zur Recreation des Gemütes. Gründung der Kolpingkapelle. Gründung des Kirchenchores.

Viel heilige Harmonie war in der Tat vonnöten, viel heilige Harmonie, um das Auseinanderstreben, das Aufeinanderlosgehen der Menschen in der Welt aufzuhalten. König David mit seiner Harfe hatte viel Arbeit. Gerade hier am Rande des sich plusternden Reiches, nahe dem Franzmännischen. König David auf dem Weg zur Marienkirche. Die Harfe unter dem Arm. Punkt sieben schlüpft der große König in den Fuß des Josephsaltars. Erstarrt wie fotografiert in goldunterlegter Zweidimensionalität.

Mit mürrischem Gesichtsausdruck - fast wie der Münchner im Himmel beginnt er mit Lobpreis und Frohlocken. Besingt stumm das sich über ihm auftürmende Relief. Harre aus, David! Bleibe bei den dreißig Prozenten Katholischen in dieser Stadt! In dieser Zeit voll Armut und Zwietracht. Hebe an mit Deinem Gesang! Fahre damit fort!

Wie sonst denn mit harmonisierenden Harfentönen sollten diese Gestalten davon abgehalten werden, mit Macht auseinanderzustreben? Oder gar aufeinanderloszugehen? Sich umeinander herumzudrücken? Singe David! Schlag in die Saiten! Singe von Josef dem Arbeiter, wie er oben auf dem Thron sitzt! Ja, nicht Maria, nicht Gottvater, sondern Joseph der Arbeiter auf dem Seitenaltar im Zentrum des weltumspannenden Geschehens! Das Zimmermannshandwerk hat der dem Jesusknaben beigebracht. Genügt das zur Erlangung solcher Ehre? Frag nicht, David, singe! Dieser Jesus ist aus Deinem Geschlecht! Frag nicht, ob dieser einfache Josef das Recht hat, auf diesem Thron zu sitzen! Es ist uns ohnehin, als müsse er jeden Moment herunterspringen, sich entschuldigen, dem Papste Leo Platz machen, der mit andächtig gefalteten Händen neben ihm steht. Die Tiara auf dem Kopf, blickt er zu ihm, dem Vater des Sohnes des Zimmermanns auf. Und auf gleicher Höhe mit seiner Heiligkeit (wie dreist!), auf gleicher Höhe und in gleicher Haltung wie der Stellvertreter Gottes auf Erden, das Ebenbild eines namenlosen Menschen mit einem Sagelatt in der Hand, ebenfalls von der Zimmermannszunft! Laut, David, besinge die Eintracht, diesen ewigen Augenblick, sonst fällts uns vor den Augen zusammen! Jauchze dem gelehrten Herrn und juble dem Metallarbeiter zu! Lobe die beiden dafür, daß sie sich friedlich kniend die Hände reichen! Künde Ihnen von ihrem Wert! Sage dem Winzer rechts von der Altarmitte, daß es ihm besser geht als den halbverhungerten Webern ganz rechts. Singe aber auch ihnen vom Adel der Arbeit, singe wenigstens davon, solange wir hinschauen. Banne die auseinanderstrebenden Kräfte von Sekunde zu Sekunde, sonst glaubt Dir das keiner! Singe ihnen

von den armen, missionsbedürftigen Heiden auf dem linken Seitenflügel! Bewahre von Augenblick zu Augenblick die Einheit und Gleichheit der Pfaffen und Laien, der Unternehmer und der Arbeiter, solange, bis sie in unseren Köpfen wieder auseinanderfällt. Singe, David! Sonst kommt mir in den Sinn die erlernte Ordnung, die dieser kühne Künstler verbog! Zwischen mir und Gott Myriaden von Erzengeln, knapp unter ihnen - schwebend - der SEDIS PAPLIS im eiskalten Gluthauch des Bernini-Geistes. Unter diesem Isidor Markus Emmanuel von Speyer, darunter wiederum der bischöflich-geistliche Rat Alois Josef Engel, unter diesem die Kapläne, darunter die Oberministranten, dann irgendwo ich - ganz unten, kniend mit dem leeren Klingelbeutel, auf das Zeichen wartend, um durch die Reihen zu gehen, Silbergeld einsammelnd.
Singe, König David, das ist Deine Arbeit!

Ach, dieser Gesang, er bannte mich nur eine kleine Weile. Er hielt mich nicht lange. Ich stürzte heraus aus dem Seitenkappellchen. Durchhastete die Bankreihen wie im Spießrutenlauf. Tauchte die Hand pro forma in den Weihwasserkessel. Stieß die hohe Portaltür auf. Nahm zwei, drei Stufen auf einmal auf dem Weg in die Welt. Richtung Theater. Richtung Fruchthalle. Richtung Westen. Richtung Untergang. Richtung Karl Marx Straße. Zum dunklen, nachtschwarzen Bahndamm.

Kein Halten mehr, David! Ab zu den Webern und Jazz-Heiden. In ein schwarzes Loch innerhalb Deines von Harfentönen zusammengehaltenen Kosmos! Fast verloren. Und letztlich doch errettet und zurückgekehrt. In der Nacht zum Fastnachtssonntag 1987 heimlich in der Pension Blum abgestiegen. Und gerade dabei, bestimmungsgemäß Zeugnis abzulegen bei beginnender Dämmerung, im kegelförmigen Schein der Schreibtischlampe.

ANNEMARIE ALTSCHUH

Nicht im Textbuch

Zwanzig Jahre lang habe ich als Souffleuse für alle Kunst-
gattungen am Pfalztheater geflüstert. Abgesehen davon, daß die
Arbeit oft eine richtige Schinderei und sehr zeitraubend war,
gab es natürlich auch lustige Begebenheiten, die mich auch
heute noch zum Schmunzeln bringen. Hier, aus meinem fast
unerschöpflichen Repertoire drei kleine Geschichten:

Wir spielten den eingebildeten Kranken von Moliére "uff
pälzisch", in der Bearbeitung von Hansgeorg Baßler. Ich gab die
Bellinda, die Frau des "Jammerlappen", den Werner Wegener
spielte, und war gerade dabei in der Tasche des Bademantels
von meinem Gatten nach dem Schlüssel des Geldschrankes zu
suchen. Im Glauben, mein Mann wäre soeben verschieden,
fingerte ich an ihm herum. Der widerum, saß auf einem Sessel
in Bühnenmitte, spielte "tot" und konnte sich aber nicht
verkneifen mir zuzuzischen: "bass doch uff wo de hielangscht,
dumm Hinkel!" Laut Regieanweisung hatte ich nun einen Gang
zur Rampe und mit Blick ins Publikum zu fragen: "wo hotter
dann sein Schlüssel?" Verwirrt von der Bemerkung meines
lieben Kollegen Werner Wegener, stolperte ich nach vorne mit
den Worten: "wo hotter dann sein ...?" Das Wort Schlüssel war
mir gänzlich entfallen. Von allen Seiten flüsterte man mir zu:
"Schlüssel, Schlüssel!" Entgeistert wie ich nun mal war, habe
ich das Wort "Schlüssel" dann noch nachgeliefert. Peinlich,
peinlich! Mein lieber Bühnenmann wäre vor Schreck am
liebsten in den Boden versunken und sagte ganz entsetzt zu mir:
"Mit dir muß mer sich jo halber dot schämme, froochtse die
Leit, wo hotter dann sein?"

Mein Freund und Kollege Ekkehart Halke hatte den Direktor
"Bello" in einem Zirkusmärchen zu mimen. Er war eng in ein
samtnes Hundekostüm gezwängt und mußte außerdem noch
eine enganliegende Hundemaske um den Kopf tragen, die ihm

die Ohren verdeckte und zu allem Überfluß auch noch mit langen, dicken Schlappohren die Gehörgänge zuhängte. Er fühlte sich rundherum unglücklich und Schweiß perlte auf seiner Stirn, als er kläglich zu mir sagte: " Ach, mir geht es garnicht gut. Irgendetwas stimmt mit meinem Kreislauf nicht. Der Text fällt mir heute partout nicht ein, was soll ich nur machen ?" "Ekki", erwiderte ich, "du hast doch mich, wenn du nicht weiter weißt, dann souffliere ich dir eben!" "Ja aber ich kann dich doch kaum hören, wegen dieser blöden Hushpuppie-Ohren!", jammerte mein geplagter Kollege. Verzweifelt stand er vor mir. Da kam mir der rettende Gedanke: "Weißt du was, wenn du Text brauchst, dann hebe doch einfach ein Ohr hoch! Ich weiß dann Bescheid, die Kinder merken das bestimmt nicht und du kannst mich auf alle Fälle verstehen!" Ein dankbarer Blick. Der Vorhang ging auf. Ekkehard stand mit hocherhobenen Armen da. Beide Ohren in den Händen !

Roman Fromlowitz, auch ein sehr lieber Kollege, spielte im "Tartüff" von Molliére den Hausherrn, der schamlos von seiner Gattin betrogen wurde. Um sie inflagranti zu ertappen lag er laut Regieanweisung unter dem Wohnzimmertisch, verdeckt von der Tischdecke, die bis zum Boden reichte. Sogleich trat sein ruchloses Weib auf, gefolgt vom "bösen Tartüff". Sie umarmte ihren Liebhaber. Voller Leidenschaft sanken beide zu Boden und wälzten sich in Wollust. Nun mußte ihr gehörnter Ehemann die Tischdecke anheben und eine, im Textbuch mindestens zweiseitige, Schimpfkannonade loslassen. Aber just in dem Moment überkam ihn ein gefürchtetes "black out". Er wetterte nur noch: "Du Sauhund, mir fehlen die Worte!". Sprachs und ließ das Tischtuch wieder herunter fallen. Das Stück war fünf Minuten früher zu Ende als sonst.

ILSE ROHNACHER

Die Käscht an de Spittelmiehl

Lang isse gstanne
vor de Spittelmiehl
newer de Drepp
unnem Miller aus Stee
lang

Ihr Bliet hat geglieht
weiß odder rot
ich habs doch glattweg vergesse
jedefalls ware ihr Blädder
grien im Friehjohr
un geel im Herbscht
lang

Viel hot se gsehe
vun ihrm Platz am Platz
gelacht iwwer Feier un Deifel
un Bombe un Dod
lang

Un de Miller aus Stee
middem Sack uffem Buckel
geduckt hotter sich
vor de Käscht ihre Käscht
lang

   Un dann
   sin se noochenanner
   all minanner
   vun de Bildfläch verschwunne
   zuerscht die Spittelmiehl
   sie war baufällisch
   dann die Käscht
   sie war baamfällisch

bloß de Miller
ist net fällisch worre
vielleicht weil er
so pflegeleicht is

Die Drepp is nimmehr
un die Käscht is nimmehr
und de Miller duckt sich immermehr
wer weeß noch wie
lang.

Ilse Rohnacher

Der Mann mit dem grauen Hut

Vor der großen Steinmauer des Grünen Blocks wurde ich von einem Fremden angesprochen. Es sah so unauffällig aus, daß es schon auffällig war. Grau in grau. Ein langer grauer Mantel, der Kragen hochgeschlagen, auf dem Kopf ein grauer Hut mit breiter Krempe, die nach vorne gezogen das Gesicht verdunkelte, das, wenn man es gesehen hätte, nicht anders als grau gewesen wäre. Am Allerauffälligsten aber war, daß er mich ansprach. Mich, der nur meine Familie und sonst keiner Beachtung schenkte. Doch eigentlich war das auch wieder nicht verwunderlich, denn außer mir war niemand in der Nähe, den er das, was er fragen wollte, hätte fragen können.

Er kam mir bekannt vor, ich wußte aber nicht, woher ich ihn kannte. Seine Fragen, ob ich über den Grünen Block Bescheid wisse, ob Menschen darin wohnen und wieviele, ob er Maschinen- oder Lagerräume enthalte oder eine Kaserne, ob er dies oder das sei oder nicht, und wem, und das war die letzte Frage, wem dieser Koloß überhaupt gehöre. Kaum hatte ich eine der Fragen beantwortet, da folgte auch schon die nächste. Die Stimme des Fremden war leise und klang freundlich. Bereits seine zweite Frage war mir jedoch verdächtig. Was wollte er von mir, von uns, von den Leuten aus dem Grünen Block. Sich nach einzelnen zu erkundigen, das hätte einen Sinn ergeben. Aber alle, wieso wollte er über alle und alles Bescheid wissen. Was hatte die Fragerei zu bedeuten. Meine Hände waren feucht geworden. An wen erinnerte er mich. War er es oder war er es nicht, der Mann, vor dem überall von Plakaten herunter gewarnt wurde. In klobigen, den grauen Schattenriß eines Unbekannten teilweise überdeckenden Buchstaben: „Feind hört mit." Der Feind, der mithört, um werweißwohin das Gehörte, Belauschte, Erfragte weiterzumelden. Fremden gegenüber zur Höflichkeit erzogen, beantwortete ich automatisch Frage für Frage. Gleichzeitig zermarterte ich mir den Kopf, was ihm dieses

Wissen nutzen und wer sich außer ihm dafür interessieren konnte. Würde es uns schaden und was sollte ich tun.

Und dann fing ich an zu erzählen. Von der Mutter, die Heimweh habe nach ihrem Heidelberg und in Heidelberg nach ihrem Grünen Block, und von all den Krankheiten, die sie heimsuchten vom ewigen Heimwehhaben; vom Vater, der im Museum alte Sachen sammelte und Geschichten schrieb für uns und die Mutter, damit sie heiter werde; daß ich die Schule haßte und die Lehrer und die Mitschüler, die über meine Sprache lachten, die sie Singen nannten und ich nur noch redete, wenn es unumgänglich war; von der älteren Schwester mit den langen Zöpfen, die sich in gewissen Örtchen verschanzte und lese, wenn sie mit dem Geschirrabtrocknen an der Reihe ist; von der jüngeren Schwester, der zarten, die beschützt werden mußte und von dem kleinen Bruder, den wir gegen seinen Willen Tag für Tag in die Schule trieben. Dieses und vieles mehr erzählte ich.

Meine Hände waren nicht mehr feucht. Das innere Zittern war verschwunden. Irgendwie fühlte ich mich leicht und gut. Und ich merkte, daß der Fremde da war. Mir zugehört hatte. Den Hut aus der Stirn gerückt, sah er mich aufmerksam an. Sein Gesicht war nicht grau. Und ich wußte wieder, warum ich angefangen hatte zu erzählen. Von mir, von meiner Familie, von den anderen. Viel mehr war daraus geworden. Wir sahen uns lange an. War er der Feind, vor dem auf den Plakaten gewarnt wurde? Wir brachen im gleichen Moment in die gleiche Richtung auf. Am Mauerdurchbruch bog ich ab. Er blieb stehen. Sicher sah er mir nach. Ich schaute nicht zurück.

Später erzählte ich der Mutter von dem Mann und den Fragen und dem Versuch, zu retten, und was daraus geworden ist und wie ich mich fühle. Nicht alles, was man nicht versteht, ist verdächtig, sagte die Mutter.

GERHARDT KAYSER

Die Sühne

Kaum eine Landschaft in deutschen Landen, kaum eine dörfliche Niederlassung, vor allen Dingen die an den damaligen holprigen Landstraßen, waren von den Zerstörungen und Brandschatzungen des Dreißigjährigen Krieges nicht betroffen oder sogar völlig zerstört worden, auch viele Städte, die zuerst glaubten, hinter ihren hohen Mauern wären sie selbst vor wilden Horden und Plünderern sicher. Wenn sogar einige Dörfer und einzelne Bauernhöfe in Wäldern und zwischen Bergen vom Krieg und dem roten Hahn auf dem Dach verschont geblieben waren, so waren die Bewohner doch vor den raubenden und mordenden Landsknechtbanden geflohen, oder an Hunger und Krankheit elend zugrunde gegangen. Dachstühle waren morsch zusammengebrochen, das Gemäuer zerfallen, in den Ställen kein Tierlaut und frohes Wiehern der Pferde mehr und die Natur begann mitleidsvoll mit wild wachsendem Gebüsch und mit Farn und Efeu die Trümmer zu verdecken. Roter Mohn eroberte sich die Getreidefelder. Keine frohen Kinderstimmen, kein Hämmern in den Schmieden, kein Hundegebell. Nur wenn starker Wind durch einen bald zusammenstürzenden Kirchturm seinen Weg nahm, kam der Klang eines gespenstischen dumpfen Glockentons von der Höhe herab. Wo einst frommer Kirchengesang Lebensmut, Hoffnung und Wärme der Gemeinschaft gegeben hatten, war Schweigen. Rosen welkten ungepflückt, weil keine Liebenden sie brachen. So auch in unserer einst so frohen und fruchtbaren Pfalz mit ihren weiten Wäldern, Weiden, Äckern und Feldern. In ihren Städten und Dörfern herschte die Stille des Schreckens. Spanische Truppen, Schweden, der Kroatensturm, ja sogar Österreicher waren über unsere alte Kaiserstadt die Barbarossastadt und freie Reichsstadt Kaiserslautern mit Tod und Zerstörung hinweggezogen. Trümmer, Trauer und Tod, Hunger, Kälte und Krankheit waren zurückgeblieben. Die Bewohnerzahl war auf ein paar Hundert zusammengeschmolzen. Zwei bis drei Reisetage - nach damaliger Berechnung - entfernt von Kaiserslautern war unter

Führung eines Obristen seit ein paar Wochen ein Landsknechts-
lager um einen verlassenen Bauernhof. Bald mußte sich der
Obrist entschließen, wo er im kommenden Winter das Quartier
beziehen würde. Sprachen aller Herren Länder, mancherlei
Dialekte hörte man an den Lagerfeuern und im
Marketenderzelt. Viele rauhe Gesellen waren dort zusammen,
aber alle respektierten den Obristen, da er für Nahrung sorgte;
obwohl er auch auf Ordnung hielt, wenn dies überhaupt in
einem Lagerleben möglich war. Wärme und Licht in der
aufkommenden Dämmerung bildeten an den einzelnen
Lagerfeuern die Mittelpunkte. Das ist die Heimat der
herumziehenden Landsknechte in fremden Landen zwischen
Kampf und Tod. Manches alte Lied erklang in fremder Sprache
aus rauhen Kehlen. Auch ein neues Landsknechtlied wurde
gesungen, begleitet von gleichmäßigem Trommelklang.

Ein Landsknecht bin ich seit jungen Jahren
Und lebe vom Kampf mit seinen Gefahren.
Ich liebe das Gold und ein volles Faß Wein
Vergrabene Schätze und die Mägdelein.
Das Lagerfeuer und die Flammen im Dach
Am meisten doch: die durchzechte Nacht!

Die Trommel geschlagen, das Feuer geschürt,
So lange die Faust noch die Lanze führt.

Nun hab ich den Becher trocken gelassen
Und fluche nicht mehr im Zorn durch die Gassen.
Hab nie mehr die Lanze zum Kampfe berührt
Auch keine Mägde zum Schlafe verführt.
Mein Schwert ruht aus vom letzten Streich
Bald geh ich hinab in der Toten Reich.

Die Trommel ist stumm, das Feuer verglüht
Die Dunkelheit durch unser Lager zieht.

Ruft dann die Fanfare zum letzten Apell
Dann hör ich es auch in der tiefsten Höll
Und zieh aus dem Leder mein scharfes Schwert,
Mach trutzig gegen die Teufel kehrt.

Der "Wilde Landsknecht" kämpft dann mit der Brut
Im Kampfe macht er seine Sünden gut.

Leb wohl feine Maid! Leb wohl schöne Welt!
Auf Posten werd ich in die Hölle gestellt.

An einem der Lagerfeuer saß beim Würfelspiel der Freund
unseres Obristen. Dieser hieß nur kurz der "Pfaff" und hatte
sonst keinen heiligen Kirchennamen. Er hatte sein einstiges zu
Hause vor Jahren durch einen Brand verloren. "Meine Kanzel
war meine Heimat", pflegte er zu sagen. Ohne nähere
Ortsangaben zu machen, hatte er sich diesem Landsknecht-
haufen angeschlossen. Da er nicht nur fromme Bibelsprüche im
Munde führte und wenn es nötig war auch mit kräftier Faust
zuschlagen konnte, hörten die rauhen Gesellen auch einmal ein
Gebet von ihm an oder eine Belehrung. So blieb er bei ihnen.
Aus Duldung wurde Gewohnheit. Es bildete sich eine
eigenartige Freundschaft zwischen ihm und dem Obristen. Sein
Rat galt auch in weltlichen Dingen und keiner wagte mehr mit
ihm Spott zu treiben, denn selbst der Name "Pfaff" war vom
Spotte frei geworden.

So saß er, inmitten ihrer Schar. Unter der Kutte streckten sich
die Lederstiefel und wenn er ungeschickt zum Würfelbecher
griff, schauten zwischen dem sich öffnenden frommen Gewand
Stiefelhose und Wams hervor. Polternd auf dem Kalbsfell der
Trommeln rollten die Würfel und Flüche nährten rings die Glut
der Lagerfeuer, zusammen mit den Brettern einer Scheune, zum
Frieden gebaut, zerstört als Trümmer noch den Krieg zu
ernähren. So saß er, der "Pfaff" nun heute, wie fast jeden Abend,
Würfel spielend am Lagerfeuer. Da kam ein Bote des Obristen,
legte schwer die Hand auf seine Schulter und deutete mit
gestrecktem Zeigefinger in Richtung lärmender Geschäftigkeit,
wo laute Hammerschläge einen Galgen fügten. "Du sollst dem
Sünder noch die letzte Beichte nehmen; der Obrist läßt es Dir
sagen". Zuerst schwieg der "Pfaff" so wie es seine Art war, dann
erwiderte er: "Er ist nicht schlechter als jeder von Euch, nur daß
man ihn erwischt und ein Exempel statuiert". Ruhig gelassen
läßt er wieder seine Würfel rollen. "Der Obrist hats gesagt"

wiederholt er noch einmal den Wunsch des Obristen - oder war es ein getarnter Befehl des Obristen?

Es war dem Klange nach ein Fluch und kein Gebet, mit dem der "Pfaff" sich erhob und mit langen Schritten zum Zelte des Gefangenen ging, vor dem die Wachen anzeigten, daß dort ein Sünder saß. Er hatte einen Bauern erschlagen. Das wog nicht viel. Doch ein Kamerad, der die Beute mit ihm teilen wollte, lag in Kürze von ihm auch ermordet bei dem Bauern. Morgen sollte der Gefangene nun am Galgen büßen. Der "Pfaff" stand zuerst schweigend vor dem zum Tode verurteilten. Er wartete noch eine Weile, dann sagte er mürrisch zu dem Gefangenen: "Was hast Du hier auf Erden noch zu sagen, damit es dir dort oben im Himmel leichter ist?"

Bei diesen Worten bückte sich der "Pfaff", rückte an der Bibel vor den zwei brennenden Kerzen und hob ein Blatt, das herausgefallen war. "Willst Du noch einmal beten, Schelm?" Da hob der Totgeweihte heimtückisch seinen Blick und sagte: "Diese Handschellen hindern mich zu beten, wie ich es sonst gewohnt." Darauf ging der "Pfaff" hinaus zur Wache und ließ sich den schweren Schlüssel geben. Er beugte sich zu dem Gefangenen herab, um das Schloß an den Handschellen aufzuschließen. Das Eisen, das die Handgelenke des Mörders umklammerte, fiel zu Boden. Da hatte der Gefangene plötzlich freie Hände, aber er benützte sie nicht, um sie zum büßenden Gebet zu falten, sondern er entriß mit schnellem Griff dem Priester den Dolch aus dessen Gürtel und stieß ihn in das Herz des Gottesmannes. Zu Tode getroffen stürzte dieser nieder. Blut und Röcheln waren eins. Dies geschah so schnell wie der Blitz, der aber nicht aus dem Himmel, sondern aus der Hölle kam. Mit hartem Griff erstickte der Mörder den Todesschrei des Getroffenen, einen Schrei, der noch nicht war. Aber anstatt daß die Lippen des Sterbenden um Hilfe riefen, von einer Wache kaum drei Schritte entfernt, hört der Mörder deutlich den ehemaligen Priester sterbend in sein Ohr flüstern: Bereu, bereu vor Gott." Mit dem Blut entfloh das Leben aus dem Leib des "Pfaff", des einst geweihten Mannes. Das weitere war bald getan. Die Kutte des Beichtvaters wand sich der Mörder um seine Schultern und verdeckte auch sein Gesicht. Als letztes legte er die eisernen Fesseln um die Handgelenke des erdolchten Gottesmannes. Dann löscht der Mörder eine der beiden Kerzen aus, damit es noch dunkler wurde und schob die noch brennende zweite Kerze hinter das Kreuz, so daß ein tiefer Schatten in Kreuzform auf den Toten fiel. Durch die Dunkelheit wurde die Täuschung noch verstärkt. Dann tritt der Mörder aus dem Zelt, geht nicht zu eilig und unauffällig mit abgewandtem Gesicht an der Wache vorbei, zu der er sagte: "Laßt ihm noch eine Weile Zeit, um in Ruhe zu beten". Die Wache hört die Worte kaum und eine Kutte birgt den Mörder, der langsam erst, dann schneller im Dunkel der Nacht verschwindet. Zu spät als Alarm gegeben wurde zu spät als sich die Wache über einen Toten beugte. Erst der listige Obrist erkennt das Ganze. Als er sich aufrichtend die Kerze wieder auf die Bibel stellt, befiehlt er: "Sucht mir den "Pfaff" das heißt den, der seine Kutte trägt". Doch der ist schon weit und hört nur noch von fern den aufkommenden Aufruhr im Lager und sieht die Lagerfeuer heller und höher anfachen, duckt sich beim Springen vor dem eigenen Schatten. "Bereu vor Gott, bereu..." im Ohr "bereu".

Trotz aller Nachforschungen, wurde der flüchtige Mörder im falschen, frommen Tarngewand nicht aufgespürt, geschweige denn bestraft. Dem Obristen fiel es schwer, die Suche nach dem Mörder seines Freundes und Beraters aufzugeben.

Der Krieg ging weiter mit Verwüstungen und Sterben. Nur die Natur bemühte sich in jedem Frühjahr aufs neue eine Decke des Friedens und der Hoffnung mit sattem Grün und Blüten zu schaffen um die Kriegswunden in zerstörten Dörfern und Städten zu verbergen.

Inzwischen waren von Westfalens Hauptstadt die Friedensverhandlungen ausgegangen. Nicht von heute auf morgen. Jedoch die Bauern fanden wieder Mut zu bauen, zu pflanzen und zu säen. Doch manches Dorf blieb leer und mancher Hof verfiel, weil niemand zurück kam. Hin und wieder hingen sie auch einen auf zur Warnung, dem das Messer noch zu locker stak und ernten wollte, was er nicht gesät hatte. Die Prozessionen dankten Gott und fromme Worte waren gern gesagt und gern gehört, ob auch geglaubt, das wußte zwar nur Gott.

In einem Kloster der alten Barbarossastadt Kaiserslautern war eifriger im Beten und im Büßen als andere, der - wie man flüsternd sich erzählte - vor Jahren einst bei Nacht und Nebel, halb verhungert, mit irrem Blick verzweifelt an die Klosterpforte der Franziskaner klopfte. Der Abt frug und forschte nicht viel, sondern wies ihn wieder ein in das Leben der Gemeinschaft und unterrichtete ihn nächtelang. Er frug auch nicht um die Lücken in seinem Wissen von Bibel und Gebet. "Büßer" wurde er von den andern Klosterbrüdern genannt, weil sie ihn oft vor sich hin leise flüstern hörten "ich muß für meine Sünden büßen, täglich büßen". Auch nach langer Zeit schien ihn immer noch eine unsichtbare Wand zu umgeben. Doch draußen in den Dörfern und in den ärmsten Häusern der Stadt Kaiserslautern - das heißt, was von ihr nach den langen Kriegsjahren übrig geblieben war - da war er immer wohl empfangen. Wenn irgendwo Hilfe nicht nur im Gebet gebraucht wurde, da war er freier in Wort und Tat. Mehr als mancher andere fromme Mann half er und seine Gebete atmeten nicht den Geist frommer Dunkelheit und hoher Kanzel. Das waren Worte wie von einem hilfreichen Bruder oder Vater, der selber litt. Wenn irgendwo das Henkerglöcklein erklang, ging er mit festem Schritt mit zur Richtstatt um dem zum Tode verurteilten, durch Gebet und Trost in schwerer Stunde Furcht zu nehmen.

Da wurde eines Tages ein reicher Kaufmann vor der Stadt erschlagen und ausgeraubt. Verdächtigt wurde ein armer, aber als fleißig bekannter Tischler aus Kaiserslautern beschuldigt, angeklagt und in den Turm geworfen. Sein Weib bestritt die ihrem Mann vorgeworfene Bluttat auf das Heftigste. Sie flehte und weinte und ihr kleines Mädchen schaute verängstigt die vielen fremden Leute an, die plötzlich kamen und laut schrieen. Im Gefangenenkerker selbst bedrängten mit vielen Fragen die Ankläger den unschuldigen Tischler: "Woher das Geld?" Niemand glaubte ihm, wenn er stets antwortete: "Ich gab dem Kaufmann Ruhestatt und Brot, er gab mir Geld dafür, die harten Münzen". Doch höhnisch gab man ihm zurück: "Die Ruhestatt die gabst Du ihm bei Gott für ewige Zeiten". Niemand glaubte ihm die Wahrheit. "Woher der Ring von diesem Glanz im Stein und Gold, hier bei Dir in der Armut Deiner Hütte in Staub und

Elend?" Von meinem Urahn wurde er mir zum Geschenk gemacht, als ich in guter Zeit vor dem Altar mein Weib zur Ehe nahm. Du lügst, war nur die Antwort seiner Richter. Selbst Hunger, Schmerz und Pein erzwangen kein Geständnis.

Dicht vor der Stadt erhob sich grausam in die Höhe der Galgen und mehr Neugier als Mitleid ging schleichend durch die Gassen der Stadt und durch die Häuser. "Er wars, wer sonst".
"Seht nur sein Weib, der Bube hat es gar noch an den Herrn verkuppelt; vielleicht war sie es sogar selbst und er erschlug ihn nur aus Wut". Und in den Kammern dieser alten Stadt, beim Wirt spät abends und den ganzen Tag, wenn man sich traf, wuchs das Raunen.

"Der Bösewicht, wer hätte das gedacht". "Und ach sein Kind!" Doch das spielte inzwischen harmlos und stolz, daß ihm so viele Worte galten. Es hörte nachts vor Müdigkeit nicht mehr das verzweifelte Schluchzen seiner Mutter.

Am Tage vor der Buße am Galgen ging unser Mönch, wie schon so oft zum Turme der Gefangenen, um Schuldigen den schweren Gang zur Richtstatt zu erleichtern. "Ich war es nicht", war dort stets die gleiche Antwort des Gefangenen an den Mann, der die Kutte eines frommen Mönches trug. "Ich war es nicht". Da sagte er zu dem Gefangenen: "Jetzt ist es bald zu spät für Dich zum Bereuen und Büßen. Du mußt morgen den schweren Gang zur Richtstatt alleine gehen. Laß Deinen Trotz und gebe endlich vor Gott und den Menschen Deine böse Tat zu. Dann wird Dir's leichter!" Ich war es nicht, wär ich allein mich scherten nicht Henker, Galgen, Tod und Krähen. Jedoch mein Weib, mein Kind, wer soll sie nähren, kleiden, schützen? Ein Leben lang auf ihnen diese Schmach. Was weißt Du Mönch von Liebe zwischen Menschen und von der Einsamkeit eines vaterlosen Kindes, zu dem in Schande vor den Menschen! "Bereu und sprich mir nicht von Weib und Kind. Du hättest eher und vor Deiner Mordtat an sie denken müssen". Da brüllt der Gefangene wie ein Wahnsinniger laut auf. "Nur stets von Dir die gleichen Worte. Den Mord soll ich zugeben. Ich bin kein Mörder, genau so wenig wie Du so wenig hab auch ich es nicht getan." Da zuckte unser Mönch - der auch der Büßer genannt wurde - erschrocken zurück, in seinem Lebensmark getroffen. Er fühlte und glaubte sich als Mörder erkannt und floh fast vor sich selbst und vor dem Gefangenen aus dem Gefängnis ins freie durch die Gassen der Stadt.

Als sich der unschuldige Tischler von seinem Gefangenenlager erhob war er allein. Allein mit seiner Angst. Spät abends am Tage vor der Hinrichtung besuchte der Klosterbruder nochmals den Gefangenen im Turm. Er brachte den Wächtern einen Krug mit schwerem Wein mit: "Dies habt ihr zum Lohn für Euren Wachdienst und schließt mir die Kette des Gefangenen auf, daß er die letzten Stunden vor seinem Tode wie ein frommer Christ beten kann". Begierig auf den Wein befolgten sie diesen Wunsch. Sie hatten für nichts anderes mehr Auge und Ohr. Dann sagte der Mönch zu dem Wachposten: " Laßt den Gefangenen heute Nacht in Ruhe beten. Sein letzter Wunsch". Dies sagte er langsam und stark betont, so daß sogar die Zecher ihre Köpfe hoben, "also sein letzter Wunsch, der ihm ja zusteht, ist nicht um Speis und Trank. Er will auf seinem letzten Gang zum Galgen seinen Kopf mit einem Tuch verhüllen, damit er mit seinem Gesicht nicht das reine Sonnenlicht beschmutzt." Nach diesen Worten ging er zu dem Gefangenen in den Kerker. Die rohen Gesellen lachten ob so eines Wunsches derb auf und zechten weiter. Nach kurzer Zeit verließ der Mönch - wenigstens glaubten die Wachposten daß er es sei - mit hoch geschlagenem Kragen der Kutte und mit abgewandtem Gesicht an der Wache vorbei den Gefängnisturm. Eilig, fast zu eilig verschwand der angebliche Gottesmann in der Dunkelheit.

Als dann der Morgen graute und eintönig, das Totenglöcklein zum Sterben ruft, vollbringt der Henker seine Pflicht. Der Wunsch des Hingerichteten, auf seinem letzten Gang sein Gesicht zu verhüllen, wurde erfüllt. Zum ersten Male aber hatte unser Mönch, den tröstend sonst die Schuldigen auf ihrem letzten, schweren Weg begleitete, gefehlt. Des unschuldigen Tischlers Frau und Kind sah niemand mehr seit diesm Tag. Ihren Nachbarn fiel es nur auf, daß sie nicht einmal das Allernotwendigste mitgenommen hatten. In größter Eile mußten sie Ihre Wohnung verlassen haben. Im Kloster blieb seit diesem Tag ein Betstuhl leer und der weise Abt ließ eine Zelle räumen.

Jedoch die Klosterbrüder tuschelten viel, als unser kluger, lebenserfahrener Abt, der tiefer sah als alle andern, nach Tagen zur Nachtzeit - wie damals häufig üblich - bei trübem Laternenlicht den Toten vom Galgen binden und in geweihter Erde hinter dem Kloster zur ewigen Ruhe bringen ließ.

Ein paar Jahre später, nach dem Westfälischen Frieden 1648 in Münster, mußte aus herrschaftlichen Gründen das Kloster der Franziskaner seine Pforten schließen, die es erst im Laufe des Krieges hatte wieder öffnen dürfen.

Am letzten Abend, bevor der Abt die Stadt Kaiserslautern verließ, ging er zum Friedhof hinter dem Kloster. Dort nahm er Abschied von der Grabstätte eines Klosterbruders, der ihm in Jahren Freund gewesen und dem er selbst Berater geworden war, obwohl er dessen Lebensgeheimnis ahnte und der nun seine lang zurückliegende Schuld gesühnt hatte.

HEINRICH KRAUS

Die Stiftskirche

Im Gewimmel der Händler,
Fischgeruch, Rostwurstbudenqualm,
grelles Lichtreklamegefunkel,
übereinandergetürmt die Vielfalt der Waren
vor Konsumentenmassen,
Marktgeschrei, Gehupe und
Fetzen von Schlagermusik,
Kassengeklingel und Bremsengequietsch,
Sprachengewirr in Kaufhäusern, Kinos und Bars,
zwischen Blöße, Verlockung, Geramsche, Profit:
steinerner Zeuge.

Welche Bosheit erschrickt noch
vor wasserspeienden Monstern?
Welche Klaue erbebt,
wenn der Türgriff ein Heiliger ist?
Welche Seele erschauert noch
unter dem bronzenen Aufschrei der Glocken,
der im Donner der Düsenjäger erstickt?
Säureregen und Giftatem unserer Zeit
nagen an Gotik,
zerfressen steinernes Blühen,
die Freude der Väter.

Plötzliche Stille,
wenn das schwere Portal sich verschließt.
Dann zwischen schlanken Säulen
verrinnender Hall
wie fernes Geleier von Mönchen,
den ein Dreiklang zerreißt.
Aufbäumt sich mit Wucht der Choral,
stürmt durch die Schiffe
hinan zum länglichen Chor:
Ein feste Burg...

Neben dem leeren Altare
sterben verglühende Rosen,
umweht vom sanftbunten Lichte
der Fenster.

In erhabener Haltung erstarren
Gestalten der Reformatoren:
cararischer Marmor.
Protestierer von einst
schweigen gelassen. Amen.

Am taubenumflatterten Brunnen:
ein Greis und ein Kind.
Vier Hände tauchen ins Wasser...

LOTHAR SCHWARTZ

Alte Liebe rostet nicht

Nach dem zehnten Umzug waren wir wieder daheim. Die Möbelwagen kamen aus Köln. Ihr Ziel war der Bännjerück in Kaiserslautern. Am 10. Oktober 1991 bogen sie in die Meißener Straße ein. Im Mai 1965 hatten wir die im gleichen Stadtteil gelegene Sickinger Straße mit Kind und Kegel in Richtung Bonn verlassen. In das Pensionärs-Domizil am Stadt- und Waldrand kehrten wir nur noch mit den Kegeln zurück.

Aus den ursprünglich veranschlagten fünf bis zehn Jahren im rheinischen Exil war locker ein gutes Vierteljahrhundert geworden. Für mich waren es beruflich interessante, aber auch strapaziöse Jahre, von denen ich auch nicht einen Monat missen möchte. Für Heimweh hatte ich ohnehin keine Zeit. Ein Defizit an pfälzischer Lebensqualität wurde mir allerdings immer wieder bewußt, wenn auf den Getränke- und Speisekarten der Gastronomie im Großraum Bonn-Köln nur „Mosel natur" oder „spezial" bzw. Rheinwein der gleichen dubiosen Kategorien zu finden waren.

Die Tuchfühlung mit der Pfalz im allgemeinen und der als Heimat empfundenen Region Kaiserslautern im besonderen ist nie verloren gegangen. Da gab es bis Ende der 70er Jahre einen familiären Stützpunkt im Norden der Barbarossastadt, an dem wir in regelmäßigen Abständen auch mit guten Freunden die Feste feiern konnten, wie sie im Hause meiner Schwiegereltern anfielen. Und es ergaben sich in erfreulichem Umfang dienstliche Anlässe, die Nabelschnur zu pflegen.

Das ganze Kaleidoskop der Erinnerungen, die sich während meiner immer noch nicht abgeschlossenen Erkundungsgänge und Spurensuche in und um Kaiserslautern eingestellt haben, ist eine Indizienkette für die Botschaft „Alte Liebe rostet nicht."

Bei meinen Stippvisiten in Kaiserslautern, die sich im Laufe der Jahre immer wieder mal als improvisierte „Abstecher" von Dienstreisen arrangieren ließen, hatte ich zwei feste Vorgaben: Einen Gang zum Rittersberg bei Tageslicht und - je nach Wochentag - den Besuch eines Weinlokals zur Dämmer- oder

Abendstunde. Im ersten Falle endete die Tatortbesichtigung durch den Schüler und Abiturienten der ehemaligen Aufbauschule in der um die Nachmittagszeit kaum frequentierten Gaststätte „Klimperkasten" in der Salzstraße. Beim zweiten Viertel des trockenen Rieslings stiegen aus dem Pokal - wie weiland aus der „Feuerzangenbowle" - Reminiszenzen an Personen und Pointen aus der benachbarten pädagogischen Provinz in den Raum, zu dessen Ausstattung ein Klavier gehörte. Da lag die Assoziation zu Rudolf Barbey, dem Deutsch-, Musik- und Klaßlehrer unseres Abiturjahrganges 1947, in der Luft.

Er hatte uns in den trostlosen ersten Nachkriegsjahren an vorenthaltene Quellen und Glanzlichter klassischer Literatur herangeführt. Die von ihm gestellten Aufsatzthemen waren in der Regel Zitate aus deutscher Dichtung. Mein daraus resultierender Fundus ließ sich später während meiner Funktionen als Pressesprecher des SPD-Vorstandes und als Chef der Öffentlichkeitsarbeit des Auslandsrundfunks Deutsche Welle effektvoll einsetzen. Der zugleich resignierte und vorwurfsvolle Stoßseufzer „Wer an den Weg baut, hat viele Meister", ließ jedenfalls aufkommende Kollegen-Kritik an von mir zu verantwortenden Produkten ins Leere laufen.

Das Kontrastprogramm im „Lehrkörper" der Aufbauschule war der für Mathematik- und Physik zuständige Ludwig Lehmann. Die „Lehmanniaden" sind nach nunmehr 47 Jahren immer noch unverzichtbarer Gesprächsstoff, wo immer sich ehemalige Schüler seiner Ära begegnen. Das liebenswerte und anekdotische Original imponierte und amüsierte uns gleichermaßen. Seine mit Schwung und Kreide auf die Tafel gezirkelten Kreise waren spitze. Seine Bekenntnisse zur naturwissenschaftlichen Fachliteratur und seine Vorbehalte gegen Belletristik waren der Nährboden für einen gewissen Unterhaltungswert seines auch im kritischen Rückblick erfolgreichen pädagogischen Wirkens. Kostprobe: „Was hätte die Menschheit davon, wenn der Karl Friedrich Gauß bei der Philosophie geblieben wäre? Wahrscheinlich einen Meter mehr im Bücherregal, aber die Gauß'sche Reihe, die hätten wir nicht!" In seiner Stimme schwangen mehrere Ausrufezeichen und tiefe Genugtuung darüber mit, daß der bedeutendste Mathematiker des 19. Jahrhunderts sein Genie nicht an abstrakte Gedankenspiele verschwendet hatte. Seitdem wußte ich, was und wen er meinte, wenn er auf seinen Hamsterfahrten, die uns im Holzvergaser-

Omnibus zu meinem Geburtsort Sembach gelegentlich zusammenführten, abschätzig von „Lyrikern" im Kollegium unserer Schule sprach. Doch der Apostel des Konkreten und Präzisen, der Vermittler von Fakten und Formeln, aus denen sich alles Wissenswerte und Nützliche „ableiten läßt", war auch Hauptdarsteller des folgenden Intermezzos: Ludwig Lehmann wollte seiner in Alsenborn lebenden Mutter seinen Besuch ankündigen lassen. Nachdem unter den Fahrschülern der geeignete Bote ermittelt war, setzten unter Beteiligung der ganzen Klasse Überlegungen ein, welchen Zug er nach Abschluß der für den nächsten Tag angesetzten Altpapiersammlung wohl erreichen könnte. Das Ergebnis der Beratungen blieb vage. Ludwig Lehmann zog daraus den messerscharfen Schluß:"Also dann: Kuntz gehen sie zu meiner Mutter und sagense gar nix."

In Robert Best personalisierte sich für mich erstmals das Berufsbild des Journalisten bzw. des Redakteurs. In meinem Sembacher Elternhaus wurde die „Pfälzische Presse" gelesen, so lange sie noch neben der „NSZ-Rheinfront" erscheinen durfte. An den „Schriftleiter" Robert Best adressierte ich als Pennäler meine gereimten Jugendsünden. Obwohl keines dieser Produkte je das Licht der Öffentlichkeit erblickt hat, überraschte mich Anfang der 50 er Jahre, als ich in den Semesterferien für ein Zeilenhonorar von 12 Pfennigen Reportagen und Nachrichten zu schreiben begann, der Lokalchef der „Pfälzischen Volkszeitung" mit der Erinnerung an diesen indirekten Kontakt. In den Redaktionsräumen der PVZ in der Glaserstraße wurde Robert Best von 1952 bis 1954 zu meiner beruflichen Orientierungsfigur. Daraus entstand eine über die journalistischen Lehr- und Wanderjahre in der Pfalz hinaus dauerhafte Freundschaft. Um sie bei persönlichen Begegnungen pflegen zu können, hatte ich den „Aktionsplan" des inzwischen verwitweten und pensionierten Kollegen bei mir gespeichert. So wußte ich denn bei meinen Visiten je nach Wochentag, ob ich ihn am Abend bei der „Bäckerbas" am Schillerplatz, im Café Müller" in der Bismarckstraße, im „Bächle" in der Moltkestraße oder beim „Hexenbäcker" am Fackelrondell treffen kann.

Bei diesen sporadischen Begegnungen war immer wieder eine Besuchsreise des in Brühl bei Köln geborenen älteren Kollegen, Duz- und Prostfreundes im Gespräch. Nachdem in Gestalt des Polizeidirektors a.D. Kurt Düll der richtige „Chauffeur" gefunden war, erhielt ich den Auftrag zur konkreten Vorbereitung. Die Vorgaben: ein angenehmes Hotel mit angeschlossener Weinstube, einen Gesprächstermin in der rheinland-pfälzischen Landesvertretung und die Teilnahme an einer möglichst interessanten Plenarsitzung des Deutschen Bundestages. Ich konnte alles zur Zufriedenheit der Herren arrangieren. Für die kleine Panne, daß es im Rheinland-Pfalz-Haus in der Bonner Schede-Straße 1 zur gewohnten Lauterer Dämmerschoppenzeit weiterhin nur Kaffee gab, war ich nicht verantwortlich. Dafür mußte der gastgebende Ministerialdirigent Muth einen mit Liebenswürdigkeit plazierten Seitenhieb einstecken. Der zeigte sofort Wirkung und wetzte die Scharte mit einem guten Tropfen aus.

Zum politischen und publizistischen Höhepunkt des dreitägigen Besuchsprogramms wurde der Vormittag im Bundeshaus. Es war ein Donnerstag und in der Plenardebatte ging es um die Renten. Beim abendlichen Abschlußgespräch im gemütlichen Hotel und Weinlokal „Zum Treppchen" in Bonn-Endenich bekundeten die kritischen Gäste aus Lautern nochmals ihre Zufriedenheit. Da dies mein dritter Betreuungsabend nach guter pfälzischer Art war, hatte ich im Erich-Ollenhauer-Haus für den Freitagmorgen einen etwas späteren Dienstantritt angekündigt. Die beanspruchte Regenerierungsphase wurde durch den telefonischen Hinweis aus meinem Büro verkürzt, auf meinem Schreibtisch erwarte mich eine Überraschung. Da mir eine konkrete Auskunft verweigert wurde, worum es sich handelt, machte ich mich alsbald auf den Weg.

Im SPD-Hauptquartier lag auf meinem Schreibtisch die Ausgabe der „Süddeutschen Zeitung". Ein klotziges Foto auf der Titelseite zeigte Robert Best und Kurt Düll in der ersten Reihe auf der Besuchertribüne des Plenarsaals. In der Bildunterschrift wurden sie als Rentner vorgestellt, von deren Gesichtern Spannung und Sorge über die weitere Entwicklung ihres Lebensstandards abzulesen seien. Etwa zur gleichen Zeit, als ich dem AP-Fotografen namens Reiss am Telefon Identität und Status seiner Sujets „enthüllte", wurde am Schillerplatz in Kaiserslautern eine weitere Pointe Ereignis: Auf dem Weg zum Mittagstisch in der „Bäckerbas" pflegte sich Robert Best die „Frankfurter Allgemeine" am dort noch vorhandenen Zeitungskiosk zu kaufen. Die Verkäuferin empfing ihn an diesem Vormittag mit der in

Frageform gekleideten Feststellung: „Wieder zurück aus Bonn?!" Ihr verdutzter Kunde stellte die Gegenfrage, woher sie denn überhaupt wisse, daß er in Bonn war. Sie offerierte ihm die Titelseite der SZ als Antwort. Unser Pressearchiv fand das Foto in 58 weiteren Gazetten.

In umgekehrter Richtung gab es nicht minder Erlebnis- und Pointenträchtige Expeditionen. Wenn ich Willy Brandt auf dem Bahnsteig in Bonn erwartete oder vom Kieferweg 12 bzw. später Am Paulshof 15 auf dem Bonner Venusberg abholte, reagierte er mit gespielter Überraschung: „Aha, heut geht's bestimmt nach Rheinland-Pfalz". Die darin mitschwingende Vorfreude, dem „Glas- und Treibhaus" Bonn mal wieder für ein oder zwei Tage zu entkommen und zwischen Rhein, Mosel, Saar und Nahe Bürgernähe und Bodenberührung ohne Filter zu finden, währte an einem, mir in zwiespältiger Erinnerung gebliebenen Tag im Spätsommer 1973 nicht lange. Vom Flughafen Köln-Bonn aus sollten wir nach Ramstein fliegen. Wir warteten in einem sieben- oder achtsitzigen „Hansa Jet" der Bundesluftwaffe auf Starterlaubnis. Damals streikten die zivilen Fluglotsen. An diesem Morgen wollten sie offenkundig dem Bundeskanzler eine Lektion erteilen. Mit zunehmender Wartezeit merkte ich, wie in Willy Brandt bei aller sonstigen Gelassenheit der Ärger hochstieg. Und sein ständiger Begleiter aus der Sicherungsgruppe raunte mir zu: Erzählen Sie einen guten Witz! Nun ist das nicht gerade meine Stärke, aber ich meinte, einen rettenden Einfall zu haben.

Ich berichtete, wie ich im Bundestagswahlkampf 1961 den damaligen Kanzler Konrad Adenauer als Redakteur der in Mainz erscheinenden, sozialdemokratisch geprägten Zeitung „Die Freiheit" in etwa auf der gleichen Route begleitet hatte, wie wir sie an diesem Tag vor uns hatten. Der alte Herr hatte damals auf dem Stiftsplatz in Kaiserslautern mehrfach die „Lieben Landauer" angesprochen, was erst auf der nächsten Station korrekt gewesen wäre. Meine Anekdote wurde zum Eigentor. Brandt knurrte mißlaunig: Meinst Du etwa ich könnte schon genauso verkalkt sein?!" Nach einer Pause, die mir endlos erschien, rettete Willy Brandt selbst die Situation: Ein schwedischer König, so erzählte er und nannte auch den soundsovielten Gustav -Adolf, besuchte mit großer Regelmäßigkeit die Gottesdienste in seiner Hofkapelle. Bei allem protestantischem Eifer stand sein hohes Alter gelegentlich der vom strengen Hofprediger erwarteten Aufmerksamkeit entgegen. Und diesmal blieben die Augen ihrer Majestät trotz immer stärker gehobener Stimme von der Kanzel herab geschlossen. Ein Adjutant hielt den Zeitpunkt für gekommen, seinem König beizuspringen. Mit einem Rippenstoß erreichte er die erhoffte Wirkung: Ihre Majestät schreckte und sprang auf. Laut rief der König ins Kirchenschiff: „Ich erkläre die Ausstellung für eröffnet."

Wie schon öfter erlebt lachte der passionierte Sammler von Witzen und Anekdoten auch über diese Pointe selbst am längsten. Womit ein weiterer schöner Tag in der Pfalz trotz erheblich verspäteter Landung auf dem Militärflughafen in Ramstein gerettet war.

Das für mich schönste Kapitel der freundschaftlichen Wechselbeziehungen zwischen Willy Brandt und der Pfalz ist 1979 geschrieben bzw. erwandert worden. Nachdem er sich im Jahr zuvor im Teutoburger Wald auf Schusters Rappen schon prächtig von den Folgen eines 1977 erlittenen Herzinfarkts erholt hatte, fiel eine entsprechende Einladung in den Pfälzer Wald auf fruchtbaren Boden. Der erfahrene Waldläufer, Polit-Gitarrist ist, Stadtrat und langjährige Unterbezirksgeschäftsführer der SPD in Kaiserslautern, Herbert Röper, hatte die Route für die dreitägige Wanderung vorgeschlagen. Sie führte von Leinsweiler über Bergzabern (mit Abstecher zum Weintor in Schweigen), Alt-Dahn und Johanniskreuz ins Naturfreundehaus im Finsterbrunnertal. Beim geselligen Abend im Kurhotel in Johanniskreuz, wo der langjährige Bundestagsabgeordnete Dr. Adolf Müller-Emmert als Gastgeber fungierte, traf Willy Brandt neben alten Freunden erstmals auch die damalige Landtagsabgeordnete und heutige Kultusministerin im Kabinett von Rudolf Scharping, Frau Dr. Rose Götte. Übrigens auch den Weltmeister von 1954, Werner Liebrich, den ich im angrenzenden Restaurant entdeckt und mit dem Gastwanderer aus Bonn zu einem Gespräch zusammengeführt hatte. Am nächsten Morgen zog eine stattliche Karawane weiter zum Finsterbrunnertal, wo ein zünftiges Schlachtfest die pfalzübliche

Grundausstattung für Wanderer bot. Von hier aus ging es, allerdings nicht mehr per pedes, sondern mit Mercedes zur Burg Lichtenberg bei Kusel, wo uns der damalige Landrat Gustav-Adolf Held zur Eröffnung des Musikantenland-Wanderweges mit einem seiner anlaßbezogenen Gedichte willkommen hieß. Eine von Willy Brandt gestiftete Ruhebank erinnert an dieses Ereignis.

Als ich im Oktober 1991 den ersten Erkundungsgang vom neuen Wohnsitz aus unternahm, stieß ich schon nach einigen hundert Schritten auf die Markierungen für den Westpfalz-Wanderweg und für die Route zum Naturfreundehaus. Damit wurden nicht nur die bereits geschilderten Rückblenden. sondern auch spätere auf dem Westpfalz-Wanderwegen absolvierte Begegnungen mit heimatlicher Lebensqualität gegenwärtig. Von Hinterweidenthal über Rumbach und nach einem Abstecher über Burg Fleckenstein nach Niedersteinbach bin ich über Johanniskreuz und Hochspeyer durch den Hagelgrund nach Lautern gewandert. Dort belohntem mich Freundinnen und Freunde mit einem Willkommenstrunk. Ich ließ mich sogar überreden, den letzten Streckenabschnitt zur Übernachtung in Queidersbach nicht mehr zu Fuß zu bewältigen. Gerne stelle ich in diesem Zusammenhang fest, daß die vom Verkehrsamt der Stadt Kaiserslautern initiierten und seit vielen Jahren erfolgreich angebotenen Wanderwege mit dem in mehreren Farben wegweisenden „W" zu den besten Einfällen gehören, die in den Jahrzehnten meiner Abwesenheit in Kaiserslautern geboren und realisiert worden sind. Wenn diese Anerkennung auch nicht so werbewirksam zu vermarkten ist wie das hohe Lob des unvergeßlichen Tenors Rudolf Schock, der nach verläßlichen Informationen aus dem Rathaus lange vor mir den Pfälzer Wald in gut organisierten Etappen unter die Füße genommen hatte, so soll dies doch auch meinerseits in hohen Tönen zu Protokoll gegeben werden.

Zwei weitere Erfahrungs- und Erlebniswelten, die mir bei kontinuierlicher Nutzung Profil und Innenleben der Stadt neu erschließen, sind die Buslinie 4 und das Rathaus-Restaurant. Meine Umweltkarte für den sogenannten ÖPNV bietet die Gewähr, daß ich die Volksseele kochen und das Gras auf dem Betzenberg wachsen hören kann. Mein Ohr am Mund der busfahrenden Bürger registriert jedenfalls Stimmungen, die den

Mitgliedern des Stadtvorstandes im Dienstwagen und auch den auf Individualverkehr eingeschworenen Ratsmitgliedern weitgehend verborgen bleiben. Wer nicht hören will, muß eben fühlen!

Den Über- und Weitblick, den die zum Wohle der Stadt im Rathaus versammelten Beamten und Angestellten sich kostenlos verschaffen können, lasse ich mich gerne was kosten. In Rolf Hochstätters gastronomischem Hoheitsgebiet im 21. Stockwerk genieße ich das Panorama der heimlichen Hauptstadt der Pfalz mit Apostel-, Marien- und Stiftskirche, mit Kammgarn und Fachhochschule, mit Unigebiet und Dansenberger Fernmeldeturm und neuerdings dem aus Beton gegossenen Kassenschrank des 1. FCK, der die südliche Skyline so eindrucksvoll dominiert. Wenn es dunkel wird über Lauterer Dächern wird mir auf meinem Hochsitz die Faszination einer Lichterstadt zuteil. Jetzt kann man Gedanken noch besser spazieren gehen lassen. Sie wandern auf wenigen hundert Metern Luftlinie einmal mehr die angrenzende Ludwigstraße entlang zum Rittersberg, dem ehemaligen Standort meiner Schule. Und hier oben, beim Blick zum Horizont und auf kriechende Lichterschlangen in den Straßen unter mir, kommt wieder ein Aufsatzthema à la Barbey aus dem Assoziations-Angebot: „Sieh' auf zu den Sternen, hab acht auf die Gasssen." Vielleicht könnte diese Anleihe bei Wilhelm Raabe in den unter mir liegenden Führungsetagen im Rathaus-Turm doch noch etwas mehr Zukunftsorientierung geben, als sie in den praktischen und verbalen Botschaften an die Bürgerinnen und Bürger bisher sicht- und hörbar sind.

Wenn ich den Würden-, Entscheidungs-, Hoffnungs- und Bedenkenträgern auf's Dach gestiegen bin, gönne ich mir beim „Dürkheimer Fronhof" auch regelmäßig die Genugtuung, daß ich mich im Gebäude „Willy-Brandt-Platz 1" befinde und daß der benachbarte Casimir-Saal wie auch das neue Pfalztheater die nachfolgenden Hausnummers des nach dem Staatsmann und Friedensnobelpreisträger benannten Areals im Herzen der Stadt tragen.

Nun schlägt zunehmend ein schlechtes Gewissen: Mein Geburtsort Sembach ist in diesem Manuskript entschieden zu kurz gekommen. Das ist auszubügeln. Ich lasse den Film meines Lebens um 43 Jahre zurückfahren. Im Vorspann ist mitzuteilen, daß ich es immer einzurichten versucht habe, zur Kerwe in Sembach zu sein. Sie beginnt alljährlich am letzten Sonntag im August. 1951 gabs da ein Problem: Als erste studentische Organisation an der Johannes-Gutenberg-Universität hatte der SDS- volle Bezeichnung: „Sozialistischer Deutscher Studentenbund" aus Paris über die französische Militärregierung in Mainz die Einladung zu einer neuntägigen Studienreise bekommen. Bundesvorsitzender des SDS war zu jener Zeit ein Hamburger Student der Volkswirtschaft namens Helmut Schmidt und an der Mainzer Uni war der Jura-Student Werner Ludwig die Nummer 1 der Gruppe. Die beiden Herren haben später noch wichtigere Führungsaufgaben als Bundeskanzler in Bonn bzw. als Oberbürgermeister in Ludwigshafen übernommen.

Auch meine spätere Frau Marianne -übrigens auch eine geborene Schwartz - hatte im Omnibus nach Paris einen Platz gefunden. Natürlich führte uns beide bei erster sich bietender Gelegenheit der Weg zum Montmartre. Das war am letzten Sonntag im August. Wir saßen an einem zauberhaften Sommerabend auf dem bekannten freien Platz, mit Blick auf die in Licht getauchte Sacre Coeur-Kuppel. Aus einem benachbarten Kellerlokal klang „La Mer", der Schlager der Saison. In dieser romantischen Situation kam mir plötzlich die illusionsbrechende Bemerkung über die Lippen: „In Sembach iss' Kerb' un ich sitz in Paris." Meine Frau Marianne hat während unserer nunmehr 41 jährigen Ehe immer wieder mal die Auffassung geäußert, durch diesen schnöden Stoßseufzer in Richtung Sembach hätte sie eigentlich gewarnt sein müssen.

Ein cooler und entsprechend erfolgreicher Profi im Polit- und Medienmanagement hat nach meinem vollzogenen Umzug von Köln nach Kaiserslautern in einer Mischung von Unverständnis, Bewunderung, und heimlichen Neid „spätromatische Anwand-lungen" als Motiv für meine schon lange angekündigte, aber in der Bonner Szene immer angezweifelte Heimkehr in die Westpfalz ausgemacht. In absehbarer Zeit werde ich ihm die letzte Gewißheit für seinen Befund liefern. Es wird sich dabei um die Mitteilung handeln, daß ich nach 47 Jahren meiner

Erinnerungsseligkeit mit einem Aufstieg zum romantisch verklärten Humbergturm im Lauterer Stadtwald die Krone aufgesetzt habe.

Die Beweisaufnahme in Form von Anekdoten, Episoden, Erfahrungen und Einsichten, Reprisen und Reflektionen ist abgeschlossen. Klares Ergebnis: „Alte Liebe rostet nicht!"

ALICE MATTIJS

Die Zeitung

Gerade hatte ich das Sitzen gelernt, brachte man mich in das Laufstallgefängnis. Dieses hassenswerte Gitter, in dem die Freiheit eingeengt ist und das man zeitlebens nicht vergißt. Lange hörte ich mein tägliches Geschrei, das mit einem Tränenfluß und mit liebem Zureden beendet wurde.

Mutter putzte mir mit dem Daumen die salzigen Winzlinge aus den Augen, streichelte mich, lächelte und sagte: „Mein Engel, ich muß jetzt ein bißchen arbeiten". Wenn sie aber neben mir Zeitung las, hob ich meine Hände und wollte das auch. Damit sie mich verstand, formte ich „mmm" Laute, sehr laut, unüberhörbar. Als sie endlich begriff, gab sie mir nur das gelesene Blatt und ich begann, die Geräusche beim Drücken und Zerreißen zu empfinden, was mit Quietschlauten geschah. Es war eine Stundenarbeit, bis es endlich klein, gelesen und zerstört um mich lag. Mit verklärtem Gesicht hob ich langsam die Schnipsel in die Luft und sie segelten mir entgegen. Ich jauchzte. Es war das Glück des Tages. Mit zunehmender Gewöhnung an Gitter und Gehversuche, probierte ich das Ganze im Stehen.

Jetzt gelang es mir schon das Blatt zu betrachten, zu drehen und schwarz und weiß zu unterscheiden, um dann meine schon größeren Hände als Reißwolf einzusetzen. Die Stücke wurden mit viel Geräusch gegessen und ausgespuckt, weil sie anders schmeckten als Karottenbrei. Oft nahm Mutter mir den Rest mit dem Finger aus der Backe. Ich lachte fast immer und war stolz alleine essen zu können. Einmal versuchte sie, mir ein weißes Blatt zu geben, fast beleidigt schrie ich. Als sie dieses gegen eine Zeitung austauschte, lief die Sonne durch mein Gesicht. Mutter gewöhnte sich so an das lesende Kind, daß sie mir jeden Morgen einen Teil der Zeitung überließ. Ich weiß bis heute nicht, welchen Teil. An Druckerschwärze dachte niemand.

Die Morgenzeremonie war irgendwann zu Ende. Schon früh bestand ich die ersten Leseproben. Die Zeitung zog mich magisch an. Vieles war unheimlich fremd, aber die Schlagzeilen, kurz, knapp, las ich mit Wonne und frug meiner Umgebung Löcher in den Bauch.

Heute, im gestandenen Alter, schleiche ich mich morgens schön, oder auch nicht, auch im Pyjama, öfters noch mit Haarklipp, ohne störende Geräusche zu verursachen - vor allem sonntags - wenn die Welt um neun noch schläft, zum Briefkasten. Dort liegt sie, die frisch gepreßte, den Geruch von damals anhaftende, die sicher auch noch so schmeckt.

Kennen „Sie" eigentlich den Geruch der ungelesenen Zeitung?

Er ist kein Parfüm, er ist mehr, er hat die Neugierde in sich, den Sensationshunger und die Faszination der unbeschreibbaren schwarzen Buchstaben.

Was wäre Kaiserslautern ohne die „Alte", die täglich neue „Rheinpfalz".

SIGFRID GAUCH

Traum von der Freiheit
(Ein Monolog für den Vater)

Du hast es gut gemeint, wirklich gut, als du dir in Kaiserslautern ein Zimmer gemietet hat. Ich sollte nicht so alleine sein, und du wolltest dich um meine Hausaufgaben kümmern. Du hattest ja keine Praxis mehr, und auch sonst warst du abkömmlich. In der Freizeit, in der andere Kinder des Internates miteinander spielen gingen, mußte ich zu dir kommen. Du wartetest entweder am Internatseingang, und wir liefen zusammen zum Rathauscafé, oder ich kam zu dir ins Zimmer. Dort lag dann je nach Jahreszeit eine Tüte mit Obst auf der Fensterbank: im Herbst Trauben, daran erinnere ich mich noch gut, weil ich mich darauf schrecklich freute, im Frühjahr waren es Erdbeeren, im Sommer Kirschen. Ich hatte immer Hunger, denn das Essen im Internat reichte nie. Während ich das Obst aß, fragtest du mich Vokabeln ab. Da blieb mir manche Traube, Erdbeere oder Kirsche sozusagen im Halse stecken. Du kanntest alle Vokabeln, du hast keine vergessen, aber mir gingen sie nicht in den Kopf.

Die zwei Stunden Freizeit am Nachmittag verbrachte ich in deinem Zimmer beim Vokabelabhören. Dann mußte ich mich beeilen, rechtzeitig wieder im Internat zu sein, wo es zum Kaffee ein Stück Brot und Marmelade gab. Danach begannen die Hausaufgaben. Auf dem Weg in den Speisesaal sah ich die anderen aus allen Richtungen kommen, zu zweit oder in Gruppen, lachend und fröhlich. Ich kam allein aus deinem Zimmer, in dem ich nach Vokabeln gefragt wurde, die ich alle wieder vergessen hatte. Daß ich in der Zeit lernen mußte, in der andere spielten, empfand ich als richtig. Denn dann, wenn andere über ihren Schulbüchern saßen, ihre Aufgaben machten, lernten, beugte ich den Kopf über ein Buch und träumte von der Freiheit. Zusammenarbeit war im Internat streng verpönt. Obwohl der Junge, der mir stumm am Tisch gegenübersaß, dieselbe Klasse besuchte. In den vier großen Zimmern auf diesem Flur lernten etwa fünfundzwanzig Jungen. In den zwei Stunden war es totenstill. Das schaff ich nie, das lern ich nie, dachte ich und träumte von der Freiheit.

Du hast dich um mich gekümmert, du hast dich sehr um mich gekümmert, viel mehr als andere Väter. Vor jeder Arbeit, die wir in der Schule schrieben, standest du vor Schulbeginn oder in der großen Pause am Schultor und hast mich noch einmal die wichtigsten Vokabeln abgefragt, mir noch einmal schwierige lateinische Satzkonstruktionen eingepaukt, damit ich ja nichts vergesse. Und während der Arbeit saß ich da wie mit einem Brett vor dem Kopf.

Selbst um Deutsch, ein Fach, das ich gerne hatte und in dem ich gute Zensuren bekam, hast du dich gekümmert. Wenn wir mehrere Stunden lang einen Aufsatz schreiben und in der Pause auf den Schulhof durften, hast du dagestanden und gewartet. Während sich die anderen etwas zu essen kauften, kam ich zu dir, mußte dir erzählen, über welches Thema ich schrieb. Du hast mir dazu aus dem Stegreif ein komplette Gliederung geliefert mit Einleitung und Schluß. Meist war der Inhalt ganz anders als der, den ich gerne geschrieben hätte. Du hast vorgeschlagen, nicht die eigene Meinung zu sagen, sondern den Lehrern nach dem Mund zu reden. Das darf man ja heute so nicht sagen, du mußt das anders formulieren... Du hast gegrinst und das Gegenteil dessen genannt, was du sonst vehement vertreten hast.

Wenn du das so schreibst, bekommst du eine gute Note, hast du gesagt. Ich war ziemlich verunsichert und wußte nicht, was ich von dir denken sollte. Ich den ersten Jahren tat ich dir noch den Gefallen, in deinem Sinn zu schreiben. Später nicht mehr. Selbst als die Zeitungen schon kleine Artikel von mir druckten, wartetest du noch am Schultor und schütteltest eine Gliederung aus dem Ärmel. Damals tat ich nur noch so, als wären mir deine Vorschläge eine Hilfe. Der eigene Aufsatz war schon lange geschrieben, und während der restlichen Stunden schrieb ich für die um mich sitzenden Klassenkameraden Einleitungen, Gliederungen, Schlüsse. Wenn dann die „Zwei" oder „Eins" im Aufsatz zurückgegeben wurde, ließ ich dich im Glauben, es wäre der Aufsatz, den du formuliert hast. Du hast ihn nicht nachgelesen und warst es zufrieden.

Andere spielten, ich lernte Vokabeln und vergaß sie auf der Stelle wieder. Andere hatten Freunde und Spielkameraden, ich hatte dich, einen Vater, der sich um mich kümmerte. Erst viel später lernte ich, daß es auch andere Möglichkeiten gibt, sich um seine Söhne zu kümmern. Ich stellte mir vor, wie du reagieren würdest, wenn ich tot wäre. Wenn ich mich aufgehängt hätte und du meine Leiche sähest. Das schaff ich nie, das lern ich nie, dachte ich. Ich beugte mich über das Buch mit den Lateinvokabeln und träumte von der Freiheit.

Du hast dich wirklich eingesetzt für mich. An einem Donnerstag machten wir einen Wandertag mit der Klasse. Bei der Rückkunft traf ich am Bahnhof einen Schulkameraden, der uns erzählte, in unserem Klassensaal sei eingebrochen worden, Tische und Stühle seien zerschlagen, Landkarten seien zerrissen, der Saal zeige ein einziges wüstes Durcheinander. Auf dem Rückweg ins Internat - ich war schon vierzehn Jahre alt - ging ich in der Schule vorbei, um mir aus Neugier diese Bescherung anzusehen. Auf der Treppe vor unserem Saal traf ich den Zeichenlehrer, den wir „Ochs" nannten. Wo willst du denn hin, fragte er, ließ die buschigen Augenbrauen einen dicken Balken bilden und fletschte die Zähne. Den Klassensaal ansehen, sagte ich; ich habe gehört, er sei kaputtgemacht worden. Soso, das hast du gehört, von wem denn, ihr wart doch heute auf einem Ausflug. Unterwegs, am Bahnhof, sagte ich und hatte das Gefühl, ich würde lügen. Am Bahnhof, soso, sagte der Ochs, und sein Gesicht leuchtete auf, das ist ja interessant; das ist verdächtig, seeehr verdächtig. Und dann brüllend: Du hast doch heute in der Schule überhaupt nichts zu suchen, mach dich heim!

Ich ging ins Internat zurück, erschrocken darüber, in der Schule zu einem Zeitpunkt erwischt worden zu sein, zu dem ich dort nichts zu suchen hatte. Der Ochs war verhaßt, gefürchtet.

Jetzt hab ich euch in der Hand, schrie er eines Morgens triumphierend. Es war der Beginn eines neuen Schuljahres, und er durfte uns verkünden, in diesem Jahr gebe er nicht nur Zeichenunterricht, sondern auch Erdkunde. Seitdem hatte ich in Erdkunde eine „fünf". Der Ochs, der selbst nie Geographie studiert hatte, sondern aus Lehrermangel in diesen Glückszustand gelangt war, hatte uns im Erdkundebuch immer nur eine Seite voraus. Die Streber merkten das und machten sich einen Spaß daraus, ihn mit harmloser Miene und in Wissensdurst verpackt etwas zu fragen, das im Buch zwei oder drei Seiten weiter stand - sie hatten vorgelernt. Er wußte es nicht. Ich merkte das nie, denn wann immer ich das Erdkundebuch in die Hand nahm, setzte etwas in mir aus. Die Buchstaben verschwammen vor meinen Augen, und ich legte das Buch wieder weg.

Damals fragtest du mich auch die Flüsse und Hauptstädte ab, die Ein- und Ausfuhren und das Klima der durchgenommenen Länder. Zu jedem neuen Land kauftest du mir einen Kasten mit Farbstiften, Marke Faber. Auf jedem Faberkasten war eine Landkarte abgebildet, und du hast alle Schreibwarengeschäfte abgesucht, um den jeweils richtigen Kasten zu finden: damit ich bei mündlichen Überprüfungen und bei Probearbeiten, die wir Pröbchen nannten, die Ländergrenzen und Hauptstädte abgucken konnte.

Der Ochs also hat mich auf der Treppe erwischt. Er kam aus dem Zeichensaal und hatte seine Cognacfahne, wie immer. Während der Zeichenstunden (nie in Erdkunde) verschwand er in seinem Vorbereitungsraum für einige Minuten und kam dann mit frischer Cognacfahne zurück. Der Ochs kombinierte: ich wohne doch ganz in der Nähe im Internat; verdächtig bin ich als schlechter Schüler allemal, also muß ich der Täter sein. Er rief sofort das Internat an, und ich wurde ins Verhör genommen. Der Heimleiter konfrontierte mich mit dem Vorwurf; er saß in seinem Büro hinter dem Schreibtisch, und ich stand davor. Erschrocken stritt ich alles ab.

Dann muß ich es dir erzählt haben. Du hast mit den Lehrern und dem Heimleiter gesprochen. Er sei überzeugt davon, daß ich es war, sagte der Heimleiter zu dir, denn am Verputz unterhalb des Fensters, hinter dem ich mit einem anderen

Jungen schlafe, seien frische Fußspuren zu sehen. In der Nacht müsse ich also herausgeklettert sein. Obwohl ich im Obergeschoß wohne, sei das ganz leicht gewesen, unter meinem Fenster verlaufe ja ein Sims, auf dem ich bis zur Regenrinne hätte gehen können. Du hörtest stillschweigend zu.

Ich brauchte dir nicht einmal zu versichern, daß ich es nicht war, du hast es sofort geglaubt. Was sollte ich auch diesen gefährlichen Weg nach außen nehmen, wenn ich doch im Parterre ein Fenster als Ausgang hätte benutzen können und, wenn ich es nur anlehnte, wieder als Eingang. Der überzeugendste Beweis aber sei für ihn gewesen, sagte der Heimleiter zu dir, daß ich in dem Moment, als er mich nach der Zerstörung des Klassensaales befragt habe, über und über rot geworden sei.

Du hast dir das schweigend angehört, wie immer, hast genickt und bist gegangen. Am nächsten Tag hast du den Heimleiter wieder in seinem Büro aufgesucht. Du hättest gehört, hast du dann zu ihm gesagt, die Kasse des Heimes sei aufgebrochen worden, und er sei es gewesen. Sehen Sie, jetzt werden Sie über und über rot, sagtest du mit vor Triumph zitternder Stimme, als er das heftig abstritt, schauen Sie in den Spiegel! Der Heimleiter sah im Spiegel sein knallrotes Gesicht. Wenn man Menschen etwas auf den Kopf zusagt, das sie getan haben, erklärtest du ihm, dann werden sie kreideweiß; wenn sie es nicht waren, werden sie rot. Das sei eine ganz einfache biologische Angelegenheit, sagtest du: und genau so erging es meinem Sohn. Der Heimleiter ließ sich davon wirklich überzeugen. Was du nicht wußtest: daß tatsächlich wenige Tage zuvor die Portokasse aufgebrochen worden war und daß dies ein Sozialarbeiter zugegeben hat. Intuitiv hast du, um meine Unschuld zu beweisen, das richtige Argument gewählt. Dafür war ich dir unendlich dankbar, fühlte mich in deiner Schuld. Wenn du mir mißtraut hättest... Und doch blieb ein schlechtes Gewissen: Du hast im Anschluß daran kein Wort mehr darüber verloren. Wenn du jetzt doch nicht ganz von meiner Unschuld überzeugt bist, überlegte ich mir; wenn du dich nur der Familienehre wegen so eingesetzt hast? Ich habe diese Befürchtungen für mich behalten, ebenso wie mein schlechtes

Gewissen.

Wenig später erfuhr ich, wer es wirklich war. Ich sagte es dir
nicht, aus Angst davor, daß du es sofort melden würdest, aus
Angst vor der Rache des Jungen. Es war einer aus unserer
Klasse, älter als wir, weil er schon zweimal sitzengeblieben war,
brutal, ein Schläger. Ein Telefonhäuschen hatte er kurz zuvor
mit Dynamit in die Luft gesprengt. Den Saal verwüstete er aus
Lust am Zerstören. Wenig später wurde er wegen anderer
Delikte aus der Schule entlassen: consilium abeundi. Woher die
frischen Fußspuren vor meinem Fenster stammten, wußte ich
schon in dem Moment, als der Heimleiter dich darauf hinwies.
Aber auch dir habe ich es nicht gesagt: Der ältere Junge, der mit
mir das Zimmer bewohnte, kam in dieser Nacht erst spät heim.
Da die Tür des Internatsbaues abgeschlossen war und unser
Fenster immer offenstand, schwang er sich an der Regenrinne
hoch, erreichte über den Mauersims das Fenster und kam so ins
Zimmer. Dann schlich er sich durch die Flure ins Erdgeschoß,
ließ dort durch ein Fenster seine neue Freundin ein, eine
Krankenschwester, die er an diesem Abend erst aufgerissen
hatte, und brachte sie mit. Der schläft schon, flüsterte er, als
mich das Mädchen im Nachbarbett liegen sah. Die Geräusche,
die beide beim Bumsen machten, nahm ich nur noch im
Halbschlaf wahr. Und als das Mädchen im Morgengrauen das
Gebäude wieder durch das Fenster im Erdgeschoß verließ,
schlief ich fest.

Auf dem Weg zur Schule malte ich mir ein Leben aus, in dem
es keine Angst gibt, keinen Hunger, keine Demütigung durch
Lehrer, kein Versagen beim Abhören von Vokabeln. In dem es
nach der Schule keine Schule gibt: in dem keine Nachhilfelehrer
das gleiche leise Stöhnen von sich geben wie der Lateinlehrer
am Vormittag.

Auf dem Weg in die Schule, vor einer Klassenarbeit in
Mathematik oder Latein oder Griechisch, vor einem
Erdkundepröbchen beim Ochs, versuchte ich mich zu
beruhigen, indem ich mir vorstellte, daß das, was ich jetzt sehe,
gar nicht die Wirklichkeit ist. Daß ich nicht Schritt für Schritt
dieser Schule näherkomme, durch den Eingang gehen werde,

wo ich unter einem Relief den von einem Bildhauer gemeißelten griechischen Satz lesen werde: *Der nicht geschundene Mensch wird nicht erzogen*; daß ich nicht in einer Viertelstunde vor einem Matrizenabzug mit unübersetzbaren Redewendungen sitze. Daß ich in Wirklichkeit auf einer Wiese im Sonnenschein unter einem Baum liege, die Augen geschlossen habe und dies alles nur träume. Wenn es mir gelingt, auf diesen Trottoirplatten zu laufen, ohne eine Fuge zu berühren, bleibe ich an Ostern nicht sitzen.

Ich schreibe eine fünf, ich schreibe eine vier, ich schreibe eine fünf, ich schreibe eine vier, zähle ich die Schritte bis zur nächsten Kreuzung ab. Zu jeder dritten Arbeit leiste ich mir eine Grippe. Fieber und Halsweh kommen fast auf Bestellung. Das schaff ich nie, das lern ich nie, dachte ich auf dem Weg zu dir. Ich fühlte mich schuldig, denn du hast es gut gemeint, wirklich gut, als du dir in Kaiserslautern ein Zimmer gemietet hast. Ich sollte nicht so alleine sein, und du wolltest dich um meine Schularbeiten kümmern.

EUGEN DAMM

Die Gießkann

E Gießkann die hats wunnerschää!
Sie krieht niemols miede Bää -
Im Summer werd'se Daa fer Daa
In den Geechend rumgetraa!

Ab un zu mol an die Bach,
Uff de Balkon - bis unners Dach,
Manchemol ins Nochberhaus,
Odder uff de Friedhof naus.

Die werd bis zum letschte Daa
Wie so e Pascha sanft getraa´ -
Drum mään ich, so e Wachstumsbraus´,
Die iss werklich foi eraus!

Un falls sich mol die Fraache schtellt,
Mer käm mol widder uff die Welt -
Dürft selwer wähle, dess wär foi,
Dann möcht ich bloß e Gießkann soi...!

„Ääs" un ich

„Ääs" un ich
Un ich un „Ääs"
Meer sinn
E bees´ Geschpann!
Ich un „Ääs"
Un „Ääs" un ich
Hänn Zores
Dann un wann!
Doch
„Ääs" iss froh
Un ich bin froh,
daß´ mer nanner hann...!

RONALD DAUB

Määr fahr'n in die Stadt

Heer uff, do musche jo schunn um siwwe fahre, un an
jeder „Heit moje war ich mol widder in de Stadt!" „Mit
em Bus?" „Eck halt er still." „Un - glei en Parkplatz
g'funn?" „Kä Problem, ich fahr immer ganz vorne links
ins Altstadtparkhaus. Do is immer was frei." „Un dann?"
„Bin ich dorch die Fußgängerzoon!" „Geloff?" „Des hott
e Fußgängerzoon so an sich, daß merr do laaft, du
Simbel." „Bei dem Wedder?" „Ei, es Wedder hett kenne
schenner nett soi. Dess war doch so richdisch goldener
Okdober heit." „Na aller!"

Wenn man auf dem Lande wohnt - und das tue ich, schon
immer, bis auf einige Intervalle, dann focusiert man immer an
einer großen oder größeren Stadt. Einer Ansammlung von
Menschen, die sich im Laufe der Jahrhunderte zu einer
bedeutenden Polis gemausert hat.

Wenn man in der Ile de France zu Hause ist, muß diese Stadt
unweigerlich Paris heißen, wenn man seine Heimat im Latium
hat, wird Roma ewig grüßen, an der Mündung des Hudson ist es
selbstredend New York und an der Mündung des Jangtsekiang
Schanghai.

Wenn man in der Pfalz lebt - und das tue ich, schon immer, bis
auf einige Intervalle, in der Pfalz, da, wo sie am höchsten ist,
mit Blick auf den Donnersberg, dann gibt es wenig Brennpunkte
internationalen Ranges. Frankfurt ist zu weit, und die Leute dort
schütteln nur unwissend den Kopf, wenn man ihnen sagt, aus
welchem pfälzischen Flecken man kommt. Mainz mag
Landeshauptstadt sein, doch außer am Rosenmontag zieht es
einen selten in die Gutenbergstadt. Ludwigshafen, die
Industriestadt im Grünen, wie man sie jetzt werbewirksam
darstellt, dient für den „Hinterpfälzer" höchstens noch als
Arbeitsplatzstandort, und Saarbrücken auf der anderen Seite -

die zweite Landeshauptstadt in Reichweite, wird meist nur als Sprungbrett ins nahe Frankreich genutzt.

Was bleibt also da zwischendrin? Keine Frage und kein langes Nachdenken: Kaiserslautern! Womit identifiziert man diese Hunderttausenderstadt, draußen, wo der eisige Wind der Superlative weht: Größer, Schöner, Bedeutender? Erstens und zu aller oberst: Mit Fußball - Bundesliga - Roten Teufeln - Fritz Walter. Zweitens: Tja, da muß man schon etwas nachdenken! Stadt mit dem höchsten Rathaus Deutschlands? Barbarossastadt? Pfalztheater? Tor zum Pfälzerwald? Pfaff Nähmaschinen? Doch was macht es schon aus, ob man in der großen weiten Welt mit der Verbindung von Kaiser und Lauter noch etwas anfangen kann, außerhalb ihres eigenen Dunstkreises, fern des pfälzischen Idioms? Wichtiger für uns, die wir an Kaiserslautern Maß nehmen, ist doch, was die Stadt für uns bedeutet!

> "Ich weeß nett, was de willsch, meer is die Brie grad so runnergeloff, so warm war's." „Hott sich's wennischdens rendiert?" „Was?" „Se laafe - dorch die Fußgängerzoon." „Ei, do geht ääm s'Herz uff, saa ich derr - so Spring macht dess!" „Warum? Wää de Hitz?" „Mensch, du kabbiersch jo gar nix: Nää, nett wää de Hitz - wää de korze Reckelcher, Dammes!" „Un de enge Bliesjer, gell." „Jetzt hosches, hä." „So was fehlt halt bei uns im Ort!" „Na aller, die junge Määd heitzudaag...!" „Ich mään doch die Fußgängerzoon." „Ach so, du machsch awwer aach Gedankespring. Och, unser Dorf is doch ää Fußgängerparadies." „Un die Laschdaudo, die do dorchzischen wie bekloppt?" „Jo, uff de Hauptstrooß unne." „Ja, ich wohn halt on de Hauptstroß - schunn immer!" „Musche halt fortzieh, wann der's nett baßt." „Un dann?"

Meine Beziehung zu Kaiserslautern begann schon lange, bevor ich das Licht der Welt erblickte. Der Großvater hatte als Küfermeister sein „Geschäft". Und da war auch eine Fahrt hie und da „in die Stadt" von Nöten. Damals, so in den Vierzigern gleich nach dem Krieg, war die Steinstraße und Umgebung ein reges Viertel. Man fuhr zuerst mit dem Fahrrad, später mit dem Motorrad, manchmal Mama - natürlich noch als Mädchen - auf dem Sozius. Daß die Zeit auch nicht vor dem Organismus Stadt halt macht, mußte der brave Handwerker am eigenen Leib erfahren. Die kleine Anekdote läßt heute noch die Verwandtschaft beim Erinnern an den Opa schmunzeln.

Nach getaner Arbeit hatte er in eben jener Steinstraße eine Stammwirtschaft, in der er vor der Heimfahrt immer noch ein Glas Bier trank. Eines schönen Tages jedoch, als es ans Bezahlen ging, verlangte die kokett aufgemachte Serviererin fünf Mark für das Bier. „Ja, ich hatt awwer bloß ääns!" gab der erstaunte Zecher angesichts der enormen Summe zurück. Es nützte ihm nicht viel. Die Wirtschaft war seit seinem letzten Stadtbesuch zur Bar mit saftigen Preisen geworden. Es war das letzte Mal, daß unser Großvater in diesem Etablissement gesehen ward.

Dann kamen meine ersten eigenen Stadtbesuche als kleiner Springer, in den wirtschaftswunderlichen Sechzigern. An der Hand der Mutter und aus der bodennahen Perspektive eines kleinen Buben, bot die Stadt unbegrenztes Augenfutter. Das Auto - ja, jetzt kommt man auf vier Rädern daher - wurde in einer Seitengasse der Eisenbahnstraße abgestellt. Parkhäuser waren noch Zukunftsmusik. Doch bevor man sich der Kür widmen konnte (heute würde man „shopping" dazu sagen), wollten die Pflichtbesuche absolviert sein. Oh nein, man fuhr nicht grundlos in die Stadt. Dazu fehlte die Zeit und das Geld. Es gab immer einen wichtigen, unaufschiebbaren Anlaß: Ein dringender Arztbesuch, eine lästige Amtshandlung, einen neuen Anzug für Papa für das bevorstehende Familienfest undundund. Eine Fahrt in die Stadt war also eine ernste Angelegenheit, von Eile und Erfolgszwang geprägt. Man fuhr meist an einem Wochentag gegen 16 Uhr los (Samstags wird zu Hause geschafft!) Der Vater hat sich noch eine halbe Stunde früher von der Arbeit losgeeist, und um halb sieben machen die Geschäfte ja schon wieder dicht. Also rasch, die „Eisenbahn" hinunter, links schwenkt in die Riesenstraße (damals noch eine richtige Straße mit viel Verkehr, von wegen Fußgängerzone!) schnell hinein ins Hertie, Rolltreppe rauf, Fahrstuhl runter, wie schon gesagt: Es bestand Erfolgszwang, denn der nächste Stadtbesuch war erst wieder in sechs Wochen dran. Also, wo sind die Cordhosen für den Sohnemann? Halten die auch etwas aus? Und eine Bluse für sonntags, nein, nichts Supermodernes, die muß eine Zeit ihre Schuldigkeit tun! Noch heute rieche ich dieses eigenartige Duftgemisch, das einem entgegenschlug, wenn man ein Kaufhaus wie Hertie oder Wertheim betrat, ein Konglomerat aus menschlichen Ausdünstungen, allen möglichen Stoff- und Textilgerüchen, Parfümdunst und Lebensmittelaromen aus den jeweiligen Abteilungen.

So, jetzt noch schnell zu Aldi, die Vorratskammer schreit nach Material, noch kurz zum Optiker, die Brille richten lassen, für den quengelnden Sprößling ein Matchboxauto zu zwei Mark im Spielwarengeschäft neben dem Rex (schon lange nicht mehr da), keine Zeit zum gemütlichen verweilen bei Kaffee und Kuchen, geschweige denn zum Essen, höchstens eine Wurst „beim Kohler" (übrigens immer noch die Besten in der ganzen Stadt). Und dann im Galopp zum Auto zurück, denn eine halbe Stunde braucht man schon bis nach Hause. Puh - sag noch mal einer, in der Stadt lasse es sich leben - so eine Hetze, aber echt!

> „Dann sieche die bekloppde Laschder nimmie!" „Nää, ich mään doch, in de Stadt: Un dann?" „Ach so...! Bin ich iwwer Markt. Seit langem mol widder. Awwer froo bloß nett, ob sich's rendiert hott!" „Warum nett?" „Weil ich fuchzisch Merk verprasst hunn, uffem Markt, stell der dess emol vor. Und wollt bloß emol driwwer laafe." „Fuchzisch Merk, dess is gar nix mään heitzudaag." „Was es do alles gebbt. Aus alle Herre Länner." „Schoofskees aus de Türkei!" „Worscht vun de Tscheche!" „Spanisches Obst!" „Aus Frankreich Meeresgedier!" „Un nejje Pälzer Grumbeere nadierlich. Mit der Kraft des Lebens!"

Dann kam - und das ist ein einschneidendes Erlebnis für einen Endteenager vom Lande - der bestandene Führerschein und das erste eigene Auto. Welch unbeschreibliches Gefühl, plötzlich nicht mehr auf die Gunst eines Chauffeurs angewiesen zu sein, nicht auf den Bahnbus, der ohnehin nur zu den Zeiten verkehrt, die einem unangenehm sind. Jetzt also selbst hinterm Steuer.

Große Freiheit Nummer sieben.

Die erste Fahrt nach Kaiserslautern im kleinen gebrauchten Renault 5, aufregender kann die Paris-Dakar Ralley auch nicht sein. Und dann das Parken auf dem übervollen Schulparkplatz oben am Benzinoring - eine Herausforderung ersten Ranges! Später kamen Disco- und Kneipenbesuche dazu. Und heute düsen wir schon mit unseren Kindern in die Stadt, mit etwas mehr Zeit, Muße und Geld als unsere Elterngeneration, auch und gerade Samstags. Das läßt sich dann so gut mit einem kleinen Imbiß unter Mittag verbinden. Nur allzu oft müssen Kohlers Würste auf Wunsch des Nachwuchses gegenüber einem Hamburger zurücktreten: „Papa, gehn werr zu Mäck Donnelds?" Aber das wird dann ab und zu am Abend in trauter Zweisamkeit genießerisch in den Lautrer Freßtempeln ausgeglichen: Uwe's Tomaten in der alten Post am Blechhammer gleich hinter der La Piazza mit Julien am Nebentisch und dem Hexenbäcker am Tresen!

Die Strecke vom heimatlichen Dorf bis nach „Laudre" kennt jeder Lust- und Lastpendler im Schlaf, ganz gleich ob er das Lautertal heraufdonnert, vom Landstuhler Bruch her einfällt, KUS oder KIB auf dem Nummernschild hat. Für uns sind es etwa 25 Kilometer. Wenn man an der Eselsfürth in die B40 einbiegt, könnte man uns wie beim Blindekuhspiel die Augen verbinden. Der Wagen würde wie von selbst die lange Mainzer Straße entlangrollen - und natürlich würden wir ab und zu unter der Binde hervorlugen, um an den einschlägigen Stellen die Radarfallen ausfindig zu machen.

> „Ow, du bisch awwer aach vun de Werbung todal infiltriert." „Ei, merr kann jo nett de Kopp in de Sand stecke, odder?" „Hopp - froo schunn!" „Was?" „Un dann?" „Rischdisch" Un dann?" „Bin ich was esse!" „Aha - e Brotworschd beim Kohler!" „Nää." „E Fisch in den Nordsee!" „Nää." „Schbageddie beim Nudelfritze!" „Ach nett! - E Hamburger beim Mäck Donnelds!"

Wir fahren in die Stadt! Eine Redewendung, eine Floskel, fünf Worte, die jedoch für den Dorfbewohner weit mehr bedeuten als die reine Fortbewegung von Punkt A nach Punkt B. In diesem Satz steckt der Schlüssel zur Beziehungskiste zwischen dem ländlichen Arbeits- und Freizeitpendler und dem Dickicht der City. Es ist eine Art Haßliebe, eine Zwangsehe. Der Haß kommt hoch, weil man immer fahren, immer diese Strecke überwinden muß, zum Job, zum Ausgehen. Und die Liebe, die Zuneigung? Da kommt dann oft der Lokalpatriot heraus: Wenn der „Betze" gewonnen hat, weil sich die Stadt im letzten Jahrzehnt ganz schön gemausert hat, gute Einkaufsmöglichkeiten bietet, mit ihren Lokalen und kulturellen Angeboten die Lebensqualität erhöht. Stadt! Was ist das? Die natürlichste Lebensweise des Menschen, weil er ein Herdentier ist, oder die widernatürlichste, weil man nur in der Ruhe des flachen Landes sein wahres Ich erkennen kann? Ich glaube, ich werde mein ganzes Leben lang ein doppelwertiges Gefühl gegenüber einer Menschenansammlung von mehr als zwanzigtausend Seelen mit mir herumschleppen. Eine dialektische Stadtphilosophie sozusagen. Die These könnte lauten: Bleibe auf dem Land und nähre dich redlich! Die Antithese: Die Faszination der Stadt und ihres Getöses ist ungebrochen! Und vielleicht findet sich im Laufe der Zeit die Synthese, die die beiden Gegenpole auf einer höheren Ebene zusammenführt. Und wenn ich auch zugeben muß, daß mich gerade die ganz großen Städte anziehen, Städte, deren Namen am Anfang dieser Abhandlung erwähnt wurden, so könnte ich mir vorstellen, daß diese Synthese, diese Annäherung der Gegensätze, genau in Städten wie Kaiserslautern aufgeht. Städte, mit wenig Glanz und Gloria, mit mehr Lebensqualität als Lebensquantität, etwas provinziell, den bäuerlichen Mist noch auf dem Teer der Durchgangsstraßen, doch dadurch um so lebens- und liebenswerter. Also, Kaiserslautern, wir Leute vom Land werden dir auch weiterhin in deinen Bauch fahren. Worauf du dich verlassen kannst, aber echt!

> „Jo, jo, ich hett jetzt gedenkt, do kummt gar nimmand iwwer fünfezwanzisch eninn?" „Quatsch, sieche nett immer die alde Omascher dort ganz vorne am Fenschder sitze un äärn Kaffe drinke?" „Un, wie wars?" Also meer hott's g'schmeckt. Der Bick Määck hott schunn was. Do kann die Frikadell um die Eck nett mit!" „Also hott

129

sich's glei mehrmols rendiert!" „In de   Stadt." „Dorch die Fußgängerzoon." „Wää de korze Reckelcher." „Un de Hamburjer." „Awwer fuchzisch Merk uffem Markt?" „is heit gar nix mää!" „Des fehlt halt schunn e bisje bei uns im Ort!" „Was?" „Dammes!"

PAUL KAPS

Fast ein Ritterschlag

In der Redaktion „Pfälzische Volkszeitung", erst am Altenhof, später dann in den Räumen der ehemaligen Buchhandlung Links-Crusius in Nachbarschaft der Fruchthalle, traf sich damals (wir sind in den Jahren 1945/46) alles, was in jener Zeit in der Stadt Rang und Namen hatte. Oder sich das einbildete. Auf lokaler Ebene jedenfalls. Die Politiker kamen, um sich zu beschweren, politische Gegner anzuschwärzen oder auszustechen, um die Zeitung für irgendetwas zu loben oder auch, um sich zu informieren. Die Redaktion war eine Nachrichtenbörse.

Künstler oder solche, die sich dafür hielten, zeigten ihre jüngsten Schöpfungen, produzierten sich in der Redaktion und fieberten nach einem Artikel. Mit einem Foto verbunden kam das fast einem Ritterschlag gleich.

O.E. Lundt, ein bekannter Mime des damaligen Pfälzischen Landestheaters lud ein, seine Proben zu Hauptmann's „Biberpelz" zu besuchen und zu fragen, wann denn die Kritik seines „Zar und Zimmermann" wohl erscheine („... ich war ziemlich indisponiert. Es war saukalt bei der Premiere.") Frau Rojan-Bösken schimpfte über die Kritik ihrer „Butterfly". Und unweigerlich tauchte Hans Mattern auf, unser Musikkritiker, ein Mann, der selbst komponierte und dirigierte und als Fachmann galt, aber nicht unumstritten war. Sein Lob wurde hingenommen wie eine seltene Auszeichnung. Tadelte er, dann gab es Tränen.

Und es geschah nicht selten, daß sich Künstler und Kritiker bei uns in der Redaktion trafen und sich planmäßig in die Haare gerieten. Dann ging man mit harten Bandagen und weiß Gott nicht immer vornehm aufeinander los. Das Publikum waren wir. Neugierig, wer diesmal gerupft das Feld wird räumen müssen. War es Hans Mattern, so war abzusehen, daß dem Künstler nur bis zur nächsten Premiere Zeit blieb, sich seines Triumphes - noch dazu eines nichtöffentlichen Sieges - zu erfreuen. Dann erschien Hans Mattern wieder auf dem Plan, besah sich die Aufführung und beckmesserte öffentlich. Im Blatt natürlich und wehe dann dem Künstler. Ein falscher Einsatz, ein paar Tempi zu schnell, und er war fällig.

Das Pfalztheater residierte in einem ehemaligen Kinosaal. Sorgen? Der ungeheizte Zuschauerraum vielleicht. Das Publikum kam, sorgte für volle Parkettreihen und brachte das Heizmaterial mit. Gespielt wurde, was bekannt und bewährt war und was das Ausland den deutschen Bühnen damals noch zusätzlich bescherte. Es wurde konsumiert, wie es kam und was da kam. Die Kritiker der „Pfälzischen Volkszeitung" gingen mit großer Unbekümmertheit an Jean Anouilh und Jean Paul Sartre heran und bestaunten deren Werke, von deren Existenz sie bis dahin keinen blassen Schimmer hatten - aber nur kurz - hexten dann per Kritik hinein, was hineinpaßte und hineinging. Es war erstaunlich.

Aber es gab noch andere „Theatervorführungen", ganz öffentlich und jedermann zugänglich: Das FCK-Parlament vor der Adler-Apotheke an der Stiftskirche. Hier wurde das letzte Spiel der Fritz-Walter und Co. diskutiert. Da standen Kriegsversehrte, auf Krücken gestützt, Invaliden, den Spazierstock gegen das verlängerte Rückrat gestemmt und Pensionäre, was sage ich: Pensionisten.

„Also, wenn der Rote..."
Das Fachgespräch verstummte langsam. Jetzt befaßte sich das Parlament mit dem Liebesleben der Fußballer. Mutmaßungen, angeblich todsichere Informationen, der und der habe eine neue Freundin. Und alle wußten, die Fußballbräute waren dann auch an jeder Niederlage schuld. Sie, der Trainer, der Vorstand, alle, alle. Und nur weil niemand auf die Ratschläge dieser Fußballfachleute vor der Apotheke hörte. Ich hörte gern dort zu. Das schulte mein Ohr für die Feinheiten des Pfälzischen und beschaffte mir manche brauchbare Information, die ich nachprüfen konnte und bei ersten Gelegenheit ins Blatt brachte und sorgfältig darauf bedacht war, meine Quelle nicht

preiszugeben. Edmund Kläger, unser Sportredakteur, hielt gar nichts von diesem „Tratsch-Verein". Es geschah daher nicht selten, daß er mit seinen Artikeln schief lag. Er schrieb gewissermaßen am Volk vorbei.

Ganz anders dachte ein junger Mitarbeiter, der sich auch gelegentlich beim „Betzen-Parlament" informierte. Rudi Michel, ein sportbegeisterter junger Mann, saß als Angestellter bei der Sparkasse und fühlte sich offenkundig dort nicht wohl. Er beendete kurzerhand dieses langweilige Dasein und zog aus, die Welt mit dem Mikrophon zu erobern. Beim Südwestfunk in Baden-Baden begann seine Karriere. In wenigen Jahren war er einer der besten Sportsprecher.

In einer Vision hatte ich in einer Glosse Kaiserslautern Chancen eingeräumt, eines Tages einmal Großstadt zu werden. Das trug mir den strengen Tadel von Eugen Hertel ein, führender Mann der Kaiserslauterer SPD, der mir in imposanten Schachtelsätzen einaneinandersetzte, daß die Stadt schon auf Grund ihrer geographischen Lage - eingeschlossen von Bergen und Wäldern - dafür gar nicht in Betracht komme. In 40 oder 50 Jahren, so sah es Eugen Hertel 1946, „habe unser Lautern vielleicht 65, höchstens 70 000 Einwohner, Pfaff, Gehlen, Kammgarn, das Eisenwerk, das Theater und den schönen Wald drumherum". Den Sender Kaiserslautern erwähnte Hertel nicht einmal. Dabei entwickelte sich dieser Ableger des Südwestfunks Baden-Baden, untergebracht in der ehemaligen Vereinsbank, mit geschäftiger Betriebsamkeit.

Daß dort überhaupt Sendungen produziert und ausgestrahlt wurden, das erschien wie ein Wunder und war für mich - obgleich ich dort fast jeden Tag einmal aufkreuzte, ganz unerklärbar. Aus allen Ritzen quoll Musik. In irgendeinem Raum wurde immer irgendetwas gefeiert („Stoff" hatten die Funkleute immer"). Woher nur?, und von Arbeit sprach niemand.

Dabei war an den Türen der Redaktionsräume in der Vereinsbank auf stattlichen Schildern zu lesen, wer hier residierte: Gerd May, Sendeleiter, Heinz Costa, Chefsprecher,

Horst Schuritz, Musikabteilung, Karl Grösch, Chefreporter und so weiter.

Bemerkenswert war noch der Zensurenoffizier des Funks, Capitaine Mildenberger (Mildanbercheh sprachen ihn die Funkleute an), dessen besonderes Interesse den weiblichen Mitarbeitern des Sendestudios galt. Noch bemerkenswerter war Karl Grösch, der Hans-Dampf-mit-dem-Mikrophon-in-allen-Gassen. Ein alter Rundfunkhase, mit allen Tricks dieser Branche vertraut, der sehr an seiner Legende bastelte, schon zu Reichsrundfunkzeiten ein berühmter Reporter gewesen zu sein. Karl Grösch ohne Mikrophon war nicht denkbar. Der war wohl damit schon auf die Welt gekommen.

Gröschs große Nummer waren seine Sendungen „Aus dem vollen Leben". Was dabei gelegentlich herauskam, belegte eine Reportage, die Geschichte machte und in einem Kindergarten in Speyer entstanden war. Nach einer Schilderung der Spielzimmer begann Karl Grösch die Buben und Mädchen zu interviewen. Und das hörte sich dann so an: „Komm du mal her. Wie alt bis du denn?"
„Acht".
„Acht Jahre?".
„Ja".
„Eijeijeijeijei".
„Und du? Komm mal her." Wie alt bist du denn?".
„Siewene".
„Sieben Jahre".
„Ja".
„Eijeijeijeijei".
Es waren etwa dreißig Buben und Mädchen und Karl Grösch führte sie der Reihe nach vor, sagte jedesmal entzückt Eijeijeijeijei. Und packte sein Mikrophon wieder ein. Die Reportage wurde gesendet und ging als „Eijeijeijeijei-Reportage" in die Geschichte ein. Wo sich Karl Grösch fortan sehen ließ, hieß es „Guten Tag und eijeijeijeijei"...

Unübertroffen waren seine Reportagen über die Lage im pfälzischen Weinbau. Grösch mit Mikrophon und Winzer im Keller: „Ich stehe hier zehn Meter unter der Erdoberfläche inmitten gewaltiger Fässer..." (Klopfgeräusche, erzeugt von Gröschs Faustschlägen gegen die Fässer). „Vor mir der Herr über diese Schätze, ein Probierglas in der Hand..." Schlürfgeräusche, der Winzer hatte soeben getrunken. Und Grösch erzählt dann vom edlen Wein, vom Schweiß der Winzer, von der Sorge der Weinbauern um Preise, Faßraum, und dem unberechenbaren Wetter.

Was solchen Reportagen vorausging, davon erfuhren die Hörer nichts, denen die Schilderungen Karl Gröschs das Wasser im Munde zusammenlaufen ließen.

Karl Grösch probte seine Reportagen. Er stieg mit dem Winzer in den Keller, fragte ihn, ließ ihn antworten, prüfte die Akustik im finsteren Gewölbe und probierte eifrig den Wein. Das mit Hingabe. Dann wurde ein Termin ausgemacht für das Interview und die Aufnahme. Dann ging es richtig los („Ich stehe hier...") - und dann hörte der Winzer lange nichts mehr von Karl Grösch. Es wurde reklamiert, Beschwerde geführt und siehe da, Karl Grösch erschien wieder auf dem Plan, es müsse alles noch einmal gemacht werden, die Technik habe die ganze Aufnahme versaut. Es begann also von vorn: „Ich stehe hier..." (mit Klopfgeräuschen und genüßlichem Schlürfen wirkungsvoll unterlegt), diesmal hatte es geklappt. Die Reportage wurde ausgestrahlt, der Winzer sogar mit Namen erwähnt und Karl Grösch bekam neue Einladungen zu Reportagen an der Weinstraße.

Entnommen dem Buch Paul Kaps: „Die Presse ist an allem schuld - Begegnungen eines pfälzischen Zeitungsmannes", 2. Auflage, Pfälzische Verlagsanstalt Landau.

Die Autoren

Annemarie Altschuh, geboren in Lambrecht/Pfalz. In Kaiserslautern gehörte sie 20 Jahre lang zum Ensemble des Pfalztheaters, schrieb die Mundartspalte: „Die Annemarie määnt", übersetzte Stücke ins Pfälzische, und machte sich einen Namen als Mundartschauspielerin.

Hansgeorg Baßler, Journalist und Allround-Autor, lebt in Kaiserslautern. Mitarbeiter bei Zeitungen, Rundfunk und Fernsehen. Zahlreiche Bücher, u.a. "Hobelspäne", "Meine kleine Stadt", "Unseräner", "Casimir". Übertrug für das Pfalztheater drei Stücke in Pfälzer Mundart, so den "Eingebildeten Kranken" von Molière unter dem Titel "De Jammerlabbe". Ausgezeichnet mit dem ersten Medienpreis des Bezirksverbandes Pfalz und anderen Preisen.

Michael Bauer, geboren in Kaiserslautern, Studium Literaturwissenschaft, Buchhändlerlehre, Autor und Rundfunkjournalist, lebt in Mainz.

Anni Becker, lebt in Kaiserslautern. Zahlreiche Buchveröffentlichungen, u.a. „Uff die Bääm die Pälzer kummen" (Gondrom Verlag), Sammlerin von Volksliedern, Chanson- und Volkssängerin (Pälzer Krott). Eigene Liederbücher und Schallplatten. Lyrik und Prosa in Anthologien und Zeitschriften, Rundfunksendungen. Ausgezeichnet mit dem Umweltsongpreis der Stadt Ludwigshafen 1973, den Nürnberger Bardenpreisen 1976 und 1977 und dem Preis der Emichsburg von Bockenheim 1983.

Karl Bretz, geboren in Dielkirchen/Pfalz. Abitur an der Oberrealschule Kaiserslautern. Als Dipl.-Kfm. bei Pfaff, dann bis zur Pensionierung Verkehrsdirektor der Stadt Kaiserslautern. Hobby: Gedichte in Hochdeutsch und pfälzer Mundart als Expräsident und Hofpoet des Karnevalverein Kaiserslautern.

Eugen Damm, geboren in Kaiserslautern. Acht verfaßte Bücher (u.a. „Moi Nachtdischlamp", „Als Pälzer gebor'"). Fünf Bühnenstücke in Pfälzer Mundart (u.a. „Ääs", „Soi'm soiner'). Mehrfacher Preisträger beim Bockenheimer Mundartdichterwettstreit. 18 Pfälzer Lieder „Vun de Lung uff die Zung" (CD u. MC). Gründer „Lautrer Altstadttheater".

Ronald Daub, geboren in Sippersfeld, Studium der Sozialpädagogik und Pädagogik in Mannheim und Frankfurt, kleinere literarische Veröffentlichungen in Zeitungen und Magazinen. 1992 Erstling „In der Nähe die Heimat" Strasser Verlag, Kaiserslautern, September 1994 „Kristin und die Rettung des Zauberwaldes", eine Phantasiegeschichte nicht nur für Jugendliche.

Susanne Faschon, geboren in Kaiserslautern; 19 Buchveröffentlichungen, unter anderem „Vogelzug" (Gedichte), „Sommers Ende" (Gedichte und Schallplatte), „Der Traum von Jakobsweiler" (Erzählung), „Mei Gedicht is mei Wohret" (Mundartlyrik). Auszeichnungen: Pfalzpreis für Literatur, Ehrengabe der Deutschen Schillerstiftung, Förderpreis und Verdienstorden des Landes Rheinland-Pfalz.

Gerd Forster, geboren in Ludwigshafen am Rhein. Studium der Musik und der Germanistik. Lehrer am Heinrich-Heine-Gymnasium in Kaiserslautern. Mitbegründer der Autorengruppe Kaiserslautern. Stellvertretender Vorsitzender des VS-Rheinland-Pfalz. Pfalzpreis für Literatur 1977. Buchveröffentlichungen, zuletzt: „Wirbel Säulen," Gedichte, 2. Auflage 1989; „Die pfälzische Krankheit," Geschichten, 1990. Zur Zeit Arbeit an einem Roman.

Gert Friderich, Redakteur, lebt in Kaiserslautern. Verschiedene Veröffentlichungen, unter anderem „An nächtlichen Ufern" und „Blau und ferne dämmern Hügel" (mit Fotografie von Hans Günther Hausen). Zahlreiche Textvorlagen für Chorwerke und Konzertlieder. Komponisten unter anderen: Heinz Leopold Sulanke, Hans Mattern, Professor Friedrich Milde, Professor Carl Gorvin, Willi Nöther, Professor Richard Rudolf Klein und Generalmusikdirektor Professor Jiri Starek. Tätigkeit als Herausgeber („Kaiserslauterer Ausgabe", Verlag Gondrom).

Marliese Fuhrmann, lebt in Kaiserslautern, 1985 Förderpreis für Literatur des Bezirksverbandes Pfalz; „Zeit der Brennessel", PVA, Landau, 1981 und Fischer-Verlag, Frankfurt 1986; „Hexenringe", Fischer Verlag, Frankfurt, 1987; „Schneebruch", Geschichte einer Verschleppung, PVA, Landau, 1993; „Uns hat der Winter geschadet überall", eine Erzählung, erscheint 1994 bei der PVA, Landau.

Sigfrid Gauch, Schulzeit und Abitur in Kaiserslautern, Promotion in Germanistik an der Universität Mainz, Literaturreferent im Ministerium für Bildung und Kultur, lebt in Mainz. Pfalzpreis für Literatur, Förderpreis des Landes Rheinland-Pfalz. „Vaterspuren", Erzählung 1979; „Zweiter Hand", Roman 1987; „Goethes Foto", Erzählungen 1992 u.a.

Rosemarie Geiger, lebt in Kaiserslautern. Freie Mitarbeit an Zeitungen und Zeitschriften (Roland von Berlin, Der Tag, Der Kurier) Redaktion Technisch-Wissenschaftliches Referatsblatt der OSRAM GmbH/KG. Mitarbeit an der Anthologie „Letzte Tage in Mecklenburg". Redaktion „Kaiserslautern schreibt, Wissenschaft".

Ruth Istock, lebt in Dansenberg Bisher erschienene Bücher: „Unter der Sanduhr" (1989), „Das andere Ende des Bogens" (1991). Beide erschienen bei der Pfälzischen Verlagsanstalt

Gerd Kannegieser, geboren in Kottweiler-Schwanden, Studium der Mathematik, Germanistik und Philosophie, Autor von „Scheiermanns Lina hat immer gesat...", „'s Feiereise" (Mundartstück mit Musik, Premiere 1994), zahlreichen Kabarettprogrammen und Bühnenspektakeln. Zusammen mit „Einmal im Monat ist Freitag - Anthologie der Autorengruppe Kaiserslautern". 1986 - Förderpreis der Stadt Ludwigshafen aus der Antonine Besler Stiftung.

Paul Kaps, lebt in Wachenheim. Journalistische Ausbildung bei der „Pfälzischen Volkszeitung" in Kaiserslautern. Später Redaktionsmitglied bei der „Rheinpfalz". Für diese Zeitung auch Korrespondent im Saarland, Ausweisung 1953. Zahlreiche Buchveröffentlichungen, u.a. „Die Presse ist an allem schuld". Mit dem Medienpreis 1993 des Bezirksverbandes Pfalz ausgezeichnet.

Dr. Gerhardt Kayser, Arzt, lebt in Trippstadt. Veröffentlichte vor Jahren eine viel beachtete Serie zarter Märchen im Saarländischen Rundfunk. Autor ansprechender, anrührender Lyrik. Verfasser von zahlreichen Chansons und Liedern. Textautor auf mehreren Langspielplatten. Über 35 seiner Texte wurden vertont und für Solisten und Chöre gedruckt.

Heinrich Kraus, lebt in Miesau, schreibt Hochdeutsch und Mundart: Hör- und Fernsehspiele, Volksstücke, Essais, Erzählungen, Novellen, Romane, Jugendbücher, Gedichte, Nachdichtungen, z.B. „Iwerall anne". Mehrere Preise, u.a. Pfalzpreis für Literatur und Gondrom-Preis für Mundarttheater.

Werner Laubscher, geboren in Kaiserslautern, wohnhaft in Kandel und in Stein. Zahlreiche Buchveröffentlichungen zuletzt: „Wortflecht und Lautbeiß," Lautgedichte, Plöger, Annweiler, Buch des Jahres 1989, Suite 25b, serielle Gedichte auf Opus 25 von Arnold Schönberg, Wohlleben, Hamburg. Fernseh- und Hörfunksendungen, Lesungen in Frankfurt (Buchmesse), Weimar (Dichtertreffen des Schriftstellerverbandes), u.v.a.m.

Alice Mattijs, Schulleiterin, lebt in Kaiserslautern. Vier Buch-Veröffentlichungen: „Nicht die Norm", „Zwei Hälften", „Rote Freude", „Briefe an die Seele" (zusammen mit Norbert Kaiser), Radiosendungen, Veröffentlichungen in Anthologien, Kulturzeitschriften und Tageszeitungen.

Uta Mayr-Falkenberg, lebt in Kaiserslautern. Volontariat beim „Münchner Merkur" und später dort Redaktionsmitglied. Seit 1966 zunächst freie Mitarbeiterin bei der Tageszeitung „Die Rheinpfalz". 1973 mit dem Aufbau des heutigen „Kaiserslauterer Wochenblatt" beauftragt, das sie bis 1992 leitete. Von 1981 bis 1988 zusätzlich Chefredakteurin des Anzeigenblatt-Verlages SÜWE. Heute leitet Uta Mayr-Falkenberg ihr eigenes Presse-Service-Büro.

Ilse Rohnacher, Kinder- und Jugendjahre in Heidelberg und Kaiserslautern. „Die Lügenbrücke", eine Jugend in Kurpfalz, PVA Landau. Zusammen mit M. Klingmann „Du un ich" Mundart-Lyrik, HVA Heidelberg; Mitautorin „Pfalz Impressionen", PVA Landau; zahlreiche Preise für Mundart-Lyrik und Prosa u.a. zwei erste Plätze und Böshenz-Preis in Bockenheim.

Helga Roloff, Ärztin, lebt in Kaiserslautern. Zwei Gedichtbände: „ich möchte ein clown sein" (1992 - vergriffen), „teddybären weinen nicht" (1994). Preise: 1. Preis im Lyrikwettbewerb der GEDOK Rhein-Main-Taunus (1991), Preisträgerin im Kurzprosawettbewerb des Ullstein Verlages Berlin. (1993).

Herbert Rothländer, Dr. med., lebt in Kaiserslautern. Mit seinem Büchlein, „Wildwuchs", will er darauf hinweisen, daß wir keine Sonderstellung in der Schöpfung einnehmen.

Maria Schmitt-Rilling, freischaffende Journalistin in Kaiserslautern, Karlsruhe, Neustadt/W., Minden/W, schrieb Erzählungen und Rundfunksendungen „Frauen am Weinberg", Mitglied im Wiener Autorenverband, Erzählerbände „Radwechsel", „Sonst geht das Kind kaputt", „Bunte Steine", „Hab Dank für Deine Zeit" (Zwiebelzwerg Verlag Willebadessen) Literaturpreis im bundesweit ausgeschriebenen Wettbewerb „Geschichten-schreiben", 1993.

Helga Schneider, geboren in Kaiserslautern, aufgewachsen in Heiligenmoschel, Lehrerin an der Luitpoldschule in Kaiserslautern. Mehrfache Preisträgerin bei Mundartwettbewerben (Bockenheim, Dannstadt, Wallhalben), 1991 „Dr. Wilhelm Dautermann-Preis" und „Sonderpreis des Kultur- und Heimatkreises Dannstadter Höhe", 1993 Sonderpreis des cjm-Verlages und Gewinnerin des „Goldenen Schnawwel" bei SR 3, Buchveröffentlichung: „Glaswelte".

Theo Schneider, lebt als Autor, Dokumentarfilmemacher, Journalist und Kritiker bei Kaiserslautern. Mitbegründer der Autorengruppe Kaiserslautern, Mitbegründer und Mitherausgeber der Literaturzeitschrift „Formation". 1979 „Liebeslied des Staatsanwalts", Gedichte, AVA. 1984 HG „Die Tiefe der Haut", Liebesgedichte, Verlag Junge Literatur.
Karl Schumacher, lebt in Kaiserslautern. Bis zu seiner Pensionierung Werksschriftleiter der G.M. Pfaff AG und Leiter der Öffentlichkeitsarbeit. Schreibt Glossen für die Tageszeitung „Die Rheinpfalz". Zwei Buchveröffentlichungen: „Uff gut pälzisch - Lauter Lautrer Geschichten" und „Noch mehr Uff gut pälzisch". Erschienen im Gondrom Verlag.

Lothar Schwartz, geboren in Sembach/Pfalz. Studium Germanistik und Theaterwissenschaften an der Johannes-Gutenberg-Universität zu Mainz (1947-51). Redakteur und Korrespondent für Tageszeitungen, Presse-Agenturen und Rundfunkanstalten (mit Wohnsitz in Kaiserslautern). Ab 1963 beim Bundesvorstand der SPD in Bonn, zunächst als Referatsleiter Funk-Fernsehen-Film, dann ab 1973 Vorstandssprecher der deutschen Sozialdemokraten. 1981 bis 1991 Pressechef beim Auslandsrundfunk Deutsche Welle in Köln.

Günter Speyer, geboren in Pirmasens; Betriebswirt, langjährige leitende Tätigkeit in der freien Wirtschaft; zuletzt Geschäftsführer der Volkshochschule Kaiserslautern. Lebt seit 1964 in Hohenecken. Veröffentlichungen in Anthologien, Rundfunk, Presse etc. Mundartbuch „Vun allerhand Leit" (z.Zt. vergriffen). Mehrmals Preisträger beim Bockenheimer Mundartdichterwettstreit; 1987 Jakob-Böshenz-Preis.

Jutta Steinbrecher, Journalistin, lebt in Kaiserslautern. Freie Mitarbeit bei der Tageszeitung „Die Rheinpfalz" und „Deutsche Presseagentur. Redaktion „Wochenblatt Kaiserslautern" und Stadtmagazin „Lautern Live". Veröffentlichungen in verschiedenen Tageszeitungen und Zeitschriften.

Pfälzer Autoren im

Reinhold Gondrom
Verlag
Kaiserslautern

Hans-Georg Baßler
Gert Friderich
Anni Becker
Eugen Damm
Karl Schumacher
mit Reinhold Gondrom

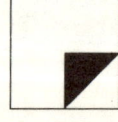